단 한마디 말로도
박수받는 힘

단 한마디 말로도
박수받는 힘

사람들 앞에 홀로 선 당신에게 반드시 필요한 것

강헌구 지음

프롤로그

애석하게도 나는 초등학교 1학년을 두 번이나 다녔다. 왜냐하면 선생님께서 출석을 부르실 때마다 제대로 대답을 못했기 때문이다. 나는 아이들 이름이 하나씩 불릴 때마다 가슴이 콩닥콩닥 뛰었고, 그러다가 결국엔 내 이름이 불리기 전에 너무 빨리 대답하거나 아니면 너무 늦게 대답하여 망신을 당하곤 했다.

"김철수!"

"네!"

"박영희!"

"네!"

"강헌구!"

"……."

"강헌구우?"

"네, 네……."

그럴 때마다 아이들은 까르르 웃어댔고, 선생님께서는 화가 나서 얼굴이 빨개지셨다. 그런 일이 계속되다 보니 나중에는 아예 대답을 안 하는 지경에 이르렀고, 학교생활이 점점 싫어지기 시작했다.

그 후 아주 결정적인 사건이 일어났다. 음악 시간이 시작된 지 10분도 채 되지 않았는데 갑자기 화장실이 가고 싶어졌다. 하지만 아이들이 보는 앞에서 선생님께 화장실 가고 싶다는 말을 할 수가 없었다. 그렇게 꾹꾹 참고만 있다가 어느 순간 나도 모르게 벌떡 일어섰다. 선생님께서 왜 그러냐고 물으셨지만, 나는 그냥 말없이 다시 앉고 말았다. 그러다가 결국에는 도저히 참을 수가 없어서 시뻘게진 얼굴로 아무 말도 없이 그냥 교실을 뛰쳐나갔다. 그러나 이미 때는 늦었다. 화장실 근처에도 못 가보고 그냥 바지를 적시고 말았다. 그리고 며칠 뒤부터 아예 학교에 나가지 않았다. 나는 그 정도로 말하기를 싫어하는 아이였다.

그리고 40년이라는 세월이 흘러 예전의 그 오줌싸개는 지금 5,000명, 만 명이 모인 곳에 가서도 한 시간 이상 자유자재로 소신을 말하고, 수백만 시청자가 지켜보는 TV 생방송 특강을 하는가 하면, 세계 여러 도시에서 강연 여행을 하는 사람이 되었다.

그뿐만 아니라 청중 앞에 홀로 선 이들에게 위로와 격려의 편지를 쓰고 있다. 앞선 경험자라는 입장에서 조금이나마 도움이 될 수 있는 이야기를 전해주기 위함이다. 학교에서 출석을 부를 때 대답도 제대로 못 하던 오줌싸개 숙맥이 어떻게 중요한 프레젠테이션을 위해 무대로 올라가는 '스타'들에게 감히 조언자로 나설 수 있게 되었을까? 대답은 간단하다. 2,000회가 넘게 그들처럼 대중 앞에 홀로 서서 무수한 고민을 해보았기 때문이다.

오직 연습만이 대가를 낳는다. 연습은 말더듬이 데모스테네스를 희랍을 대표하는 웅변가로 변신시켰고, 생방송 도중에 코를 골며 잠들었던 풋내기 아나운서 래리 킹을 토크 킹으로 재탄생하게 했으며, 나 같은 오줌싸개를 하나의 분야에서는 '뭐 좀 한다' 하는 강사가 되게 했다.

사람들 앞에 나서기가 두려운가?
"저런 오줌싸개도 하는데 멀쩡한 내가 못할 이유가 뭐람?"이라고 혼잣말을 해보자.

차 례

프롤로그 _ 005

제1부
무 대 위 에 홀 로 선 그 대 에 게

|01|
선제기습 | 초반 3분에 대세를 장악한다

수직이륙, 다짜고짜 핵심을 찌른다 _ 016
특종기사, 처음 보는 획기적인 정보를 제공한다 _ 024
싱글 키워드, 하나의 핵심 메시지로 승부한다 _ 032

|02|
집중 | 숨 돌릴 틈도 주지 않는다

현장, 물건과 상황을 최대한 활용한다 _ 040
스토리텔링, 메시지가 살아 숨 쉬게 한다 _ 047
진지한 연기, 논리보다 감성에 호소한다 _ 057
반전, 상상의 허를 찔러 충격을 준다 _ 062

03
핑퐁 | 주고받는 즐거움을 느끼게 한다

질문 또 질문, 쉴 새 없이 핑하고 퐁한다 _ 070
참여, 청중으로 하여금 손짓하고 소리치며 들썩이게 한다 _ 074
애드리브, 틈만 있으면 웃음 잽을 날린다 _ 079
엔터테인먼트, 즐길 거리를 제공한다 _ 083

04
대변인 | 청중의 가슴으로 말한다

바보 되기, 청중보다 못난 사람이 된다 _ 090
아부, 가슴 벅찬 자긍심을 심어준다 _ 097
스며들기, 청중과 한통속이 되어 그들의 말을 대신한다 _ 101

05
결행 | 무언가를 시작하거나 그만두게 한다

증거, 스스로 가능성의 모델이 된다 _ 109
진솔한 고백, 촉촉한 물기로 영혼을 적신다 _ 114
변화, 청중이 새로운 행동을 시작하게 한다 _ 120
수직착륙, 예상치 못한 곳에서 뚝 그친다 _ 126

제2부

한 판 승부가 임박해오는 그대에게

06
CEO와 직장인을 위한 토크파워 공식

말을 잘해야 한다는 강박관념부터 버려라 _ 134
가설사고, 단어지출예산, 템플릿으로 무장하라 _ 140
토크파워 9단계 공식으로 승부하라 _ 149
- 1단계, 인트로: 청중의 의자에 접착제를 붙인다
- 2단계, 토픽소개: 자신에게 자신감을 준다
- 3단계, 핵심 메시지 선언: 청중에게 신념의 마법을 건다
- 4단계, 배경 설명: 인연을 말하며 다가선다
- 5단계, 메뉴 소개: 길을 보여준다
- 6단계, 개별 메뉴 서빙: 감동을 만끽하게 한다
- 7단계, 클라이맥스: 결단 촉진제를 투약한다
- 8단계, 클로징: 2대1 리드 상황에서 쐐기 골을 추가한다
- 9단계, 질의응답: 조금 더 다가선다

전날 밤에서 시작하기 30분 전까지 _ 167
결코 용서받을 수 없는 실수 7가지 _ 172

07
백문·백독·백습, 프로 강사의 조건

- 박수 받는 즐거움, 프로 강사의 비전 _ 178
- 결정적인 하나의 키워드로 승부한다 _ 190
- 뇌에 지식 가공 장치를 설치한다 _ 196
- 먼저 성공을 경험하고 그 다음에 강의를 시작한다 _ 201
- 프로다운 근성을 발휘한다 _ 205
- 당대 1인자에게 직접 배운다, 그리고 넘어선다 _ 212
- 100번을 연습하라, 그리고 1,000번을 초대 받아라 _ 219
- 스타 인큐베이터, 프로 강사가 되는 마스터플랜 _ 225

에필로그 _ 230

여기 지난 20년 동안 수많은 기업, 정부조직, 사회단체, 그리고 학교에서 청중과 함께 웃고 울며 터득한 열여덟 가지 감동의 기술을 모아 저 아득히 보이는 무대 위에 외로이 홀로 서야 할 당신에게 선물코자 한다. 나는 커뮤니케이션 전공자도 아니고 언어심리학자도 아니다. 다만, 2,000여 회에 걸친 프레젠테이션 및 대중강연을 해본 경험이 있을 뿐이다. 그러나 무대에 설 때마다 이 열여덟 가지 방법 중 몇 가지를 적용하면 대체로 갈채를 받았던 것만은 사실이다. 물론 모든 무대에서 이 방법들을 다 사용하기를 권하는 것은 아니다. 그러나 자신에게 잘 맞고 상황에 적합한 몇 가지만이라도 적용하면 '홀로'가 아닌 '모두와 함께' 서 있는 당신을 발견할 수 있을 것이다.

사실 다른 책에서도 유사한 방법들을 제시하고 있기 때문에 당신도 익히 아는 부분도 많이 있을 것이다. 그러나 알고만 있는 것은 모르는 것이나 마찬가지다. 해본 것이 아는 것이다. 나는 모든 사람이 다 알지만 시도하지 않는 중요한 몇 가지를 수십 수백 차례 시도해보았다. 그래서 그 방법이 왜 옳은지, 그 방법을 어떻게 적용해야 되는지를 알게 되었고, 그것을 당신과 공유하기 위해 이 열여덟 가지 노하우를 함께 논의하려는 것이다.

제1부

무대 위에 홀로 선 그대에게

|01|
선제기습
초반 3분에 대세를 장악한다

프레젠테이션의 성패는 초반 3분에 결정된다. 청중은 앞에 서서 말하는 사람이 첫마디를 시작한 지 3분 이내에 그날의 프레젠테이션을 경청할 것인지 아니면 대충 들을 것인지를 결정한다. 초반에 대세를 장악하지 않으면, 그날의 프레젠테이션을 성공으로 이끌기는 쉽지가 않다.

초반 3분을 성공으로 이끌어가기 위해서는 짧은 한 토막 이야기로 청중의 귀가 번쩍 띄게 만들어야 한다. 준비된 강사들은 처음 보는 획기적인 팩트(fact)를 제시함으로써 청중으로 하여금 필기 준비를 하게 만든다. 탁월한 강사들은 그날의 주제를 절묘하게 농축한 인상 깊은 일화를 소개함으로써 거부할 수 없는 감동의 향기로 청중의 관심을 집중시킨다. 프로의 경지를 넘어 스타덤에 오른 강사들은 그 3분 안에 장내가 떠나갈 정도의 웃음 폭탄을 터뜨리고 그것을 곧바로 그날의 주제와 연결시켜 자연스럽게 대세를 장악한다.

수직이륙,
다짜고짜 핵심을 찌른다

프레젠테이션은 감동을 창조하는 예술이다. 감동이라는 아름다움을 만들어내는 창작 작업, 강사와 청중의 합작품이다. 강사와 청중이 함께 변화되고 함께 성숙하는 영혼의 카니발이다. 감동을 불러일으키고자 하는 강사와 감동 받기를 원하는 청중이 영적 에너지를 나누는 아름다운 의식이다.

사람들 앞에 홀로 서서 그들에게 주체할 수 없을 정도로 깊은 감명을 주고, 그들로부터 뜨거운 갈채와 환호를 받는 순간의 기쁨은 세상의 그 어떤 순간보다 더 우리를 가슴 뛰게 한다.

그런데 프레젠테이션은 어떤 의미로는 전투다. 감동을 주려는 강사와 감동을 받지 않으려는 청중의 한판 승부라고나 할까. 전투에서 이기는 최고의 방법은 선제 기습 공격으로 단숨에 전세를 압도하는 것이다. 적이 미처 전열을 가다듬기도 전에 허를 찌르는 불의의 일격을 가하는 것, 그것이 결정타가 되어서 어느새 전세를 장악하는 것, 그것이야말로 전투를 필승, 압승, 그리고 완승으로 이끄는 최고의 전략이다. 특히 직장인들이라면 경쟁PT를 해야 할 경우가 많은데, 이럴 땐 더욱 이러한 전략이 필수이다.

프레젠테이션의 달인, 스타 강사일수록 첫 한마디에 승부를 건다. 그리고 시작한 지 3분 내에 청중과의 승부를 결정 낸다. 그들은 영국 공군의 전폭기 해리어와 같다. 해리어 전폭기는 활주로가 필요 없다. 그냥 수직으로 상승하여 순식간에 창공으로 치솟는다. 그들은 전폭기 해리어와 같이 거침없이 시작한다.

탁월한 강사들은 청중이 저 강사가 오늘은 무슨 얘기를 할까, 저 강사는 어떤 사람일까, 인상이 좋다 나쁘다, 옷차림이 촌스럽다 세련됐다, 오늘은 슬쩍 자리를 뜰까 아니면 그냥 앉아서 적당히 문자나 보내며 시간을 때울까 등등 판단을 내릴 겨를을 주지 않는다. 그들은 청중이 자신도 모르는 사이에 이야기로 빨려 들게 하는 데, 그래서 시작한 지 채 3분도 안 되어서 분위기의 대세를 장악하는 데 모든 에너지를 집중한다. 다음의 예를 참고해보자.

독일의 유명한 화학자 요한 폰 베이어(Johann von Baeyer)는 하이델베르크 대학교를 졸업하고 1863년 바이엘사를 창립했으며 뮌헨대학교 교수로 재직하면서 색소의 분자 구조를 밝혀내는 등 20세기 화학 공업의 기초를 세운 공로로 1905년 노벨 화학상을 받았습니다. 바이엘 아스피린이 바로 바이엘사의 제품입니다.

어느 날 아침 베이어가 연구실에 출근해 보니 그의 조교들이 수력 터빈으로 작동하는 아주 정교한 믹서를 만들어놓았습니다. 베이어 교수는 그 기계에 반한 나머지 아내를 불러냈습니다. 교수의 아내는 한동안 넋을 잃고 기계를 바라보고 있더니 갑자기 이렇게 외치는 것이었습니다.
"여보, 저 기계를 마요네즈를 만드는 데 사용하면 정말 멋지겠군요!"
여기에는 근본적인 차이가 있습니다. 즉, 교수의 조수들이 발명가였다면 교수의 아내는 혁신가인 것입니다.
오늘은 '지금 우리에겐 혁신이 필요하다'라는 주제에 대해 말씀드리겠습니다.

_ 말콤 쿠쉬너의《프레젠테이션!-최상의 성공전략》중에서

위 예는 식품 회사 크래프트제너럴푸즈(Kraft General Foods)의 부사장을 역임한 바 있는 맥커비가 기술, 품질 보증, 기초 과학 관련 부서의 직원들 앞에서 혁신을 주제로 한 프레젠테이션의 첫 2분이다.

아침 출근길 빵집 옆을 지나며 빵 익는 냄새의 유혹에 못 이겨 자신도 모르는 사이 문을 열고 안으로 들어서버린 자신을 발견한 경험이 있는가? 아마 그날의 참석자들도 자신도 모르는 사이에 혁신이라는 빵의 향기에 취해 CEO의 말을 경청했을 것이다. 그는 이 간단한 일화를 발굴, 소개해 모든 참석자들이 눈을 동그랗게 뜨고 자신을 쳐다보며 다음 한마디를 기다리게 만들었다. 엄청난 기대감을 던져준 것이다. 시작한 지 채 3분도 되지 않는 짧은 순간에 그는 프레젠테이션의 대세를 장악할 수 있었다고 한다.

성공에는 성공의 향기가 있고 감동에는 감동의 향기가 있다. 박수받는 프레젠테이션이 되기 위해서는, 청중에게 감동을 선물하기 위해서는, 시작한 지 3분 이내에 청중이 억제할 수 없는 지적 호기심이 들도록 유혹해야 한다. 그런 호기심이야말로 청중의 엉덩이를 좌석에 묶어두는 안전벨트다.

청중에게 감동의 향기를 풍기는 방법은 여러 가지가 있다. 그중 위에서 본 매력적인 한 토막 일화는 그날의 청중을 유혹하는 데 충분할 만큼 진한 향기를 풍긴다. 군더더기 없는 짧은 한 장면의 묘사로 순식간에 핵심을 파고들어 청중의 귀라는 견고한 성문을 활짝 열어놓고 자신이 전하고자 하는 핵심 메시지를 개선장군처럼 입장시키는 것이다.

이렇게 초반에 대세를 장악하기 위해선 '개소리'를 집어치워야 한다. 초청해주어서 또는 참석해주어서 감사하다, 나는 부족한 사람이다, 열심히 하겠다, 협조를 부탁한다는 식의 말을 나는 가차 없이 '개소리'라고 부른다. 내가 열고 있는 강의법 세미나에서 누군가가 그런 식으로 이야기를 시작하면 나는 어김없이 "개소리 집어치우세요!"라고 소리친다.

강연의 고수들은 개소리 없이 곧장 핵심으로 들어간다. 그리고 그 핵심이라는 것은 교묘하게 청중의 관심을 유발하여 귀를 기울일 수밖에 없게 만드는 근본적이면서도 획기적인 내용이다.

그래도 반드시 해야 할 감사의 말, 밝혀야 할 속사정, 사과 또는 양해의 말들이 있다면 초반 승부가 끝난 다음, 다시 말해 승기를 잡아 장내의 분위기를 완전히 장악한 다음 적절한 여백이 필요할 때를 이용하는 것이 바람직하다.

프로는 다짜고짜 본론으로 들어가 핵심부터 찌른다. 처음 한 토막이 가장 중요하다. 소설가 패니 허스트(Fanny Hurst)는 소설의 첫 한 줄을 104번이나 고친다고 했다. 당대 최고의 명강사 브라이언 트레이시(Brian Tracy)는 멋진 첫 한마디를 찾아낼 수 있다면 다섯 시간을 쏟아 부어도 아깝지 않다고 말한 바 있다.

자신감 있게 던지는 회심의 첫 한마디로 청중은 앞에 선 사람이 그날의 프레젠테이션을 위해 얼마나 많은 고심을 했으며 얼마나 철저한 준비로 무장되어 있는지 알게 된다. 그래서 첫 한마디만으로 청중에게 신뢰감과 기대감을 줄 수 있다. 처음부터 핵심을 찌르기 시작하면 청중은 시시콜콜한 부차적인 것들로부터 관심을 거둬들이고 내용에 집중하기 시작한다. 회의실에 열기가 느껴지고 밀도 있는 교감이 이루어진다. 그러나 너무 멋진 말로 시작하려 하지 말라. 그날 하고자 하는 내용 중 가장 중요하고 가장 참신한 한 대목을 말하면 그만이다. 예를 들면, 나는 다음과 같이 시작한다.

어느 시대 어느 나라를 막론하고 약 3퍼센트의 사람들이 그 시대와 나라를 책임지고 대표하고 실제로 이끌어갑니다. 그들은 리더십을 발휘하는 삶을 사는 것입니다. 그리고 약 10퍼센트의 사람들이 시간적, 경제적 자유를 누리고 살며, 60퍼센트의 사람들은 그럭저럭 생계를 유지하며 살아갑니다. 그런가 하면 27퍼센트의 사람들은 자기 앞가림도 못해 남에게 의존하며 삽니다. 그럭저럭 생계를 유지하는 60퍼센트의 사람들과 자유를 누리는 10퍼센트의 사람들을 비교해보면 능력, 영향력, 업적, 명예, 명성, 리더십, 재산, 소득 이 모든 분야에서 3배 내지 5배, 아니면 7배 정도의 차이가 납니다. 그러나 10퍼센트에 속하는 사람들과 리더십을 발휘하는 3퍼센트의 사람들을 비교해보면 이건 3배, 5배, 7배의 차이가 아니라 30배, 60배, 100배도 넘는 엄청난 차이가 납니다.

그런데 중요한 문제는 차이가 몇 배가 나느냐 하는 것이 아니라, 그 차이가 왜 생기느냐, 어디서 나느냐 하는 것입니다. 왜 어떤 사람들은 3퍼센트, 10퍼센트에 속하게 되고, 어떤 사람들은 60퍼센트, 27퍼센트에 속하게 될까요? 어떻게 살면 리더십을 발휘하는 3퍼센트의 삶을 살게 되고, 어떻게 살기에 자기 앞가림도 하지 못해 남에게 의존하며 사는 신세가 될까요?

내가 던진 화두는 청중으로 하여금 '나는 도대체 그중 몇 퍼센트에 해당될까?' 하고 자신에게 질문을 던지게 만든다. 그러고 나면 그 질문에 대해 스스로 명쾌한 답을 찾고 싶어진다.

'10퍼센트가 마음에 딱 들긴 하는데 나에겐 시간적, 경제적 자유가 없고…… 에이, 그럼 10퍼센트는 아니로군. 휴우. 그럼 60퍼센트? 그렇지만 그건 겨우 목구멍에 풀칠이나 한다는 얘긴데…… 아, 자존심 상해. 에고, 내 신세야!' 하면서 나름의 시원한 답을 찾기 위해 내 입을 쳐다보지 않을 수 없게 된다. 결국 나의 '수직이륙 전술'이 먹혀들어가기 시작하는 것이다. 그렇게만 되면 그날의 강연은 반 이상 성공한 것이다. 그때부터 나는 목소리를 약간 높인다.

그러나 처음부터 무거운 주제로 시작하지 않고 가벼운 조크나 일화로 시작하는 것도 좋은 방법이다. 웃음을 자아내는 한 토막 짧은 이야기 속에 그날의 핵심 메시지가 녹아들게 해서 가볍게 툭 던지는 것이다. 청중이 하하 웃음을 터뜨리면서도 '아, 저건 중요한 이야기인데, 잘 들어봐야 되겠는걸' 하고 중얼거리며 볼펜을 집어 들고 수첩을 펼치게 만드는 것이다. 그러면 청중이 의식하지 못하는 사이에 어느덧 강사가 대세를 장악하게 된다.

도입부가 중요하다고 해서 너무 막막해할 필요는 없다. 중요한 것은 어떤 말하기를 하더라도 도입부를 신경 써야겠다고 인지하고 있는 것이다. 그러다보면 말하기를 준비하는 동안 계속 아이디어가 떠오를 것이다. 그때마다 메모해두고 적용해보자. 공을 들이면 들일수록 청중은 이를 알아본다.

 이런 시작이 프레젠테이션을 망친다

1. 이미 시작했음에도 "시작하기 전에, 말씀드리고 싶은 것은……"이라고 하는 것.
2. "사실 제대로 준비하지는 못했습니다만", "이 부분에 대해 잘 모릅니다만"이라고 사과로 시작하는 것.
3. 청중과 눈을 마주치지 않고 준비한 원고를 읽으며 시작하는 것.
4. 태도를 갑자기 돌변하여 완전히 새로운 인물이 된 것처럼 하거나 정치 연설하듯 하는 것.

5. 화제와 무관한 농담으로 시작하는 것.

6. 시작 부분을 너무 길게 하는 것.

7. 고리타분한 문구, 즉 "공적인 스피치에는 익숙하지 않지만" 같은 말을 사용하는 것.

8. 남의 이름을 함부로 불러 신뢰를 떨어뜨리는 것.

9. 중·고등학교 웅변대회에 나온 것처럼 말하는 것.

10. 너무 긴 인용으로 시작하여 청중을 지루하게 하는 것.

_ 조 스프래그, 더글러스 스튜어트의 《발표와 연설의 핵심 기법》 중에서

특종기사,
처음 보는 획기적인 정보를 제공한다

다짜고짜 핵심을 찔러 들어가되 날카롭게 찔러야 한다. 청중의 입에서 헉 하는 소리가 나올 정도로 말이다. 나는 그들이 이제까지 전혀 듣지도 보지도 못한 새로운 내용으로 승부한다. 특히 초반 승부, 첫 한마디에선 이것이 가장 중요하다.

다른 강사들은 모르고 나만 아는 사실, 나만 가지고 있는 자료, 다른 사람은 사용할 수 없고 나만 사용할 수 있는 자료를 사용한다. 또한 잊으려야 잊을 수 없는 아주 유용한 정보를 제공한다. 그래서 특종을 잡은 방송 기자처럼 다급한 목소리로 '보도'를 한다.

스타 강사 김미경도 《아트 스피치》라는 책에서 스피치는 테크닉이 아니고 콘텐츠라고 말한 바 있다.

언젠가 서울 장충체육관에서 약 3,000명이 운집한 대규모 프레젠테이션에 나선 적이 있다. 나는 첫마디를 이렇게 시작했다.

사회생활을 처음 시작하는 1,500명의 중산층 사람들에게 직업과 직장을 선택하는 기준이 무엇이냐고 물어보았습니다. 그랬더니 전체의 83퍼센트인 1,245명이 '많은 봉급과 빠른 승진'이라고 대답했고, 전체의 17퍼센트인 255명만이 '자기가 하고 싶은 일', 즉 자기에게 가장 소중한 일이 그 기준이라고 대답했습니다.

그로부터 20년 후, 질문을 받았던 1,500명 가운데서 101명의 백만장자가 나왔습니다. 그런데 101명의 백만장자 가운데 단 한 명을 뺀 나머지 100명은, 20년 전 직업과 직장의 기준으로 자신에게 가장 소중한 일을 선택한 사람들이었다고 합니다.

83퍼센트의 사람들은 좀 더 빨리 좀 더 많은 부를 축적하기 위해 20년 동안 열심히 뛰었지만 보통 수준의 소득으로 허덕이며 살고 있는 것에 반해, 17퍼센트의 사람들은 자신이 몸담고 있는 분야에서 탁월한 리더십을 발휘하면서 하고 싶은 일을 하며 살고 있더라는 겁니다.

내가 그 프레젠테이션을 하고 약 10년이 지나고 나서 어떤 TV 방송에서 같은 자료를 인용한 프로그램이 방영되는 것을 보았다. 그러니까 내가 처음 인용했을 때는 매우 참신한, 거의 처음 보는 정보였으리라 짐작된다. 통계 숫자가 들어가서 그런 대형 프레젠테이션에 사용하기엔 약간 무리라는 생각도 들었지만, 대형 화면에 간명한 도표를 띄워놓고 설명하는 것이었기에 큰 문제는 없었다. 나는 위의 자료를 설명하면서 청중이 속으로 '어어, 저 얘기 재미있는데, 새로운 건데, 사실일까? 음…… 꼭 들어봐야 되겠는걸' 하고 중얼거리는 것 같은 느낌을 받았다.

특종이 아니면 청중은 그 강사를 '보통'으로 판단한다. '으음, 저 얘기 어디서 들은 것 같은데, 여기서 또 우려먹는구나' 하는 느낌이 들면 청중은 실망한다. 무료함을 이기지 못해 하품을 해댄다. 빠져드는 것이 아니라 빠져나가려 한다. 아주 소수의 착하고 호의적인 사람들만 끝까지 들어보려고, 아니 들어주려고 애쓰기 시작한다. 이건 강사의 완패다.

중요한 것은 특종이 아닌, 이미 많은 사람들이 알고 있는 기존의 자료도 특종으로 만들면 된다는 것이다. 비록 팩트 그 자체는 새로운 것이 아니지만 그것을 해석하고 전개하는 방법이 독특하면 새로운 특종이 된다. 내가 앞에서 사용한 3퍼센트 이야기는 웬만큼 책을 읽거나 강의를 들은 사람이라면 대략 알고 있다. 특종이 아니다. 그러나 다음과 같이 나름의 해석을 덧붙임으로써 새로운 특종으로 전환시킬 수 있다.

미국에는 유명한 Y대학교라고 있습니다. 1973년에 그 대학 교수와 연구자들이 '자, 20년 전에 우리 학교를 졸업한 사람들이 지금은 어디서 어떻게 살아가고 있는지 알아보자'라고 생각했습니다.

그래서 조사를 해보니 1953년도에 Y대학교를 나온 사람들 중에서, 3퍼센트는 1973년 현재 미국을 책임지고, 대표하고, 이끌어가고 있더랍니다. 10퍼센트는 시간적, 경제적 자유를 누리며 살고 있었고요. 그런데 그중 27퍼센트는 세계적으로 유명한 좋은 대학을 나왔는데도, 빈민이 되어 있더랍니다. 불과 20년 밖에 안 지났는데 이렇게 큰 차이가 생겨 있더랍니다.

그런데 분명한 사실은 뭐죠? 이들은 모두 같은 날 같은 대학을 나왔다는 거 아니겠습니까? 그러니 여러분! 사람이 같은 날, 같은 대학을 나왔다고 해서, 다 같은 계층에 속하는 사람이, 됩니까? 안 됩니까?

논리를 조금 비약, 연장해보면, 그래! 너도 중학교 나오고 말았다. 나도 중학교 나오고 말았다. 너도 석사학위 받았고 나도 석사학위 받았다. 그렇다고 해서 다 똑같이, 다 똑같은 계층에 속하게 됩니까? 안 됩니까? 결국 가방끈의 길이가 너는 3퍼센트에 속하고, 너는 10퍼센트에 속하고, 너는 60퍼센트에 속하라는 것을 결정을 해주나요? 못 해주나요? 네, 못 해줍니다. 그럼, 이건 학력의 문제가 아니로구나. 그럼 뭔가?

여기까지 이야기하고 나면 청중은 '아, 저건 좀 다른 이야기 같은데…… 색다른데, 뭔가 있을 것 같군' 하며 눈을 크게 뜨고 강사와 파워포인트 화면을 번갈아보기 시작한다. 그리고 다음 이야기를 기다린다. 말하자면 토끼와 거북이 이야기에서 "거북이는 쿨쿨 자고 있는 토끼를 보았습니다. 거북이는 걸음을 멈추고 토끼를 깨우고 귀엣말을 했습니다"라고 말하는 것과 같기 때문이다. 그러면 청중은 '과연 거북이는 토끼의 귀에다 뭐라고 속삭였을까' 하고 호기심을 가질 수밖에 없지 않은가.

누구나 다 아는 평범한 이야기를 특종으로 만들기 위해서는 여기서 한 걸음 더 나아가야만 한다. 청중에게 즉답을 주기에 앞서, 그들이 문제를 좀 더 파고들어 더 많은 호기심을 가지고 나름 스스로 상상력을 동원해 다음 이야기를 앞지르기 하도록 여유를 주는 것이 바람직하다.

청중이 그런 앞지르기를 시도한다는 것은 강사의 말이 귀에 꽂히기 시작했다는 것이다. 그때부터는 조금 깊은 내용으로 들어가도 청중은 부담을 느끼지 않는다. 각도를 달리 하는 이야기, 초점을 전환하는 이야기가 신선하게 들리고, '저 강사가 지금 무슨 말을 하고 싶은 거지?' 하는 생각을 하며 집중하게 한다.

교수들이 여러 가지 궁리를 했습니다. 혹시 학교 다닐 때 자기 아버지가 부자였다면, 즉 부자 아빠의 아들, 딸이라면 그들도 3퍼센트나 10퍼센트에 있을 것이고, 가난한 아빠의 아들, 딸이라면 60퍼센트나 27퍼센트에 있는 건 아닐까? 그래서 부자 아빠의 아들, 딸들만 따로 추려서 알아봤거든요. 그랬더니 그들 중 3퍼센트는 미국의 리더가 되어 있었고, 10퍼센트는 자유를 누리고 있었고, 역시 27퍼센트가 가난에 허덕이고 있었습니다.

반대로 이번엔 가난한 아빠의 아들, 딸들에 대해서도 조사를 해봤더니, 역시 그들 중에서 3퍼센트는 미국의 리더가 되어 있고, 10퍼센트는 자유를 누리며 살고 있고, 27퍼센트는 여전히 가난에 허덕이고 있더랍니다. 결국은 부자의 아들딸과 빈자의 아들딸 사이에 이와 같은 분포상의 차이가 있습니까? 없습니까? 결국 부자 아빠와 가난한 아빠가 너는 여기 속해라 저기 속해라 하는 것을 결정해줄까요? 못 해줄까요?

예에, 못 해줍니다. 그렇다면 뭐가 그것을 결정할까요? 결론은 이렇습니다. 리더십을 발휘하는 3퍼센트는 '글로 쓴 구체적인 비전'을 간직하고 살아가고 있었고, 10퍼센트는 글로 쓰지는 않았지만 머릿속에, 가슴속에, 아주 생생하고 또렷한 비전이 있었으며, 나머지 87퍼센트는 그런 게 전혀 없었더라, 하는 사실입니다.

여기서 주목할 것은, 10퍼센트의 사람들은 비전을 글로 쓰지는 않았지만 좌우지간 비전이 있기는 있었잖아요? 87퍼센트의 사람들은 비전이 없었고요. 비전이 있는 사람과 비전이 없는 사람은 10배 이하의 차이가 났습니다. 그런데 마찬가지로 비전이라는 게 있기는 있는데, 그것을 글로 썼나, 아니면 생각만 했나 하는 차이는 2배, 3배, 5배의 차이가 아니라, 30배, 60배, 100배도 넘는 엄청난 차이를 가져온다는 놀라운 사실입니다.

새로운 관점을 제시하되 그 내용은 어디까지나 청중의 기본 욕구, 즉 생존 욕구·물질 욕구·권위 욕구·명예 욕구·사랑 욕구에 직접 호소하는 것일수록 바람직하다. 이런 모든 욕구들을 동시에 자극하면서도 또한 지극히 대중적인 것이어서 남녀노소 누구나 호기심 어린 눈초리로 바라볼 수밖에 없는 내용이라야 한다.

이 자료에서 '자기 앞가림도 못하고 남에게 얹혀서 산다'라든가 '겨우 생계를 유지한다' 또는 '시간적·경제적 자유를 누린다, 못 누린다' 하는 말들은 생존 욕구와 물질 욕구를 동시에 자극한다. 신경이 곤두설 만큼 자극적일 수 있다. 그래서 자기도 모르게 '휴' 하는 한숨 소리를 내게 된다. 그리고 약간 상기된 눈빛으로 강사를 노려보게 된다. 그렇게 노려보게 만드는 것이 나의 노림수다.

그뿐만 아니라 '능력, 업적, 명예, 명성, 리더십, 재산, 소득, 이 모든 분야에서 3배 내지 5배, 아니면 7배의 차이가 난다'라는 부분과 거기서 한 발 더 나아가 '그 시대 그 나라를 책임진다, 대표한다, 이끌어간다'라는 대목은 명예 욕구와 권위 욕구를 자극한다. 스스로 경제적으로는 어느 정도의 안정을 이루었다고 느끼지만 사회적인 인정과 리더십 그리고 자기 실현의 측면에선 아쉬움을 느끼는 사람들에게도 뭔가 들어볼 게 있을 거라는 기대감을 불러일으킨다. 그래서 속으로 '오늘 저 이야기는 잘 들어두어야 되겠구나'라고 다짐하게 만들 수 있다.

한편 위의 자료는 사회 통념으로 굳어버린 선입견을 정면으로 깨고 있다. 직접적인 그리고 아주 단호한 어투가 잘살고 못사는 것, 인정받고 못 받는 것, 그리고 행복과 불행을 모름지기 가방끈의 길이 아니면 부모의 유산이 결정해준다는 통념을 정면으로 뒤엎는다. 그래서 자신의 학력이나 출신 계급에 대한 콤플렉스를 가진 사람들에게 희망의 메시지를 던져주며, 뭔가 시원한 해답이 나올 것 같은 기대감을 갖게 한다.

고정관념을 뒤집을 뿐만 아니라 그와 갈음할 새로운 관점도 제시했다. 학력이나 부모 유산, 또는 출신 배경과는 아주 거리가 먼 새로운 요소, 즉 비전을 전면에 내세운 것이다. 청중에게 당신들에게도 꺼내들 수 있는 비장의 카드가 있다고 일깨워주는 것이다. 바로 '리더십을 발휘하는 3퍼센트는 글로 쓴 구체적인 비전을 간직하고 살아가고 있었고, 10퍼센트는 글로 쓰지는 않았지만 머릿속에, 가슴속에, 아주 생생하고 또렷한 비전이 있었으며, 나머지 87퍼센트는 그런 게 전혀 없었더라'는 부분이 그것이다.

여기서 청중은 자신에게도 새로운 가능성이 있는 게 아닐까, 하는 생각을 하며 다음에 어떤 이야기가 이어질까에 좀 더 집중하려고 자세를 고쳐 잡기 시작한다. 여기저기서 펜과 수첩을 챙기는 모습이 눈에 들어오기 시작한다. 그쯤에서 나는 속으로 쾌재를 부르며 머리를 숙이고 있거나 눈의 초점이 분명하지 않은 사람들에게로 눈길을 돌린다. 그들과 시선을 마주치려 최대한 노력한다. 나에게 집중하지 않는 몇몇의 사람들까지 다 챙기게 되었다는 것은, 그날의 강연이 성공으로 가고 있다는 것을 말해주는 것이다.

싱글 키워드,
하나의 핵심 메시지로 승부한다

나에게는 꿈이 있습니다. 조지아의 붉은 언덕에서 옛 노예들의 후손과 노예를 부리던 이들의 후손이 우정을 나누면서 한 식탁에서 자리를 함께 할 수 있는 날이 올 것이라는 꿈이 있습니다.

나에게는 꿈이 있습니다. 불의와 억압의 열기로 가득 찬 미시시피 주 당국이 자유와 정의의 오아시스로 바꾸고 말 것이라는 꿈이 있습니다.

나에게는 꿈이 있습니다. 나의 어린 네 아이들이 그들이 지닌 피부색이 아닌 그들이 품고 있는 인격으로 판단되어지는 그런 나라에서 사는 날이 올 것이라는 꿈이 있습니다.

나에게는 꿈이 있습니다. 모든 하나님의 자녀들, 흑인이건 백인이건, 유대인이건 이방인이건, 신교도건 구교도건, 모두가 다 같이 손에 손을 잡고 옛날 우리 조상이 부르던 흑인 영가 '마침내 자유다! 마침내 자유다! 전능하신 하나님께 감사하자. 우리는 마침내 자유를 찾았다!'를 노래할 수 있는 그 날이 반드시 올 것이라는, 그런 꿈이 나에게는 있습니다.

미국 흑인 인권지도자 마틴 루터 킹 목사가 1963년 8월 28일 워싱턴의 링컨기념관 계단에서 부르짖은 유명한 'I have a dream' 연설의 일부다. 이 연설은 그야말로 감동 그 자체였다. 인종차별의 종식이라는 엄청난 변혁을 일으킨 20세기 최고의 연설이다. 그의 연설을 듣고 있던 순간 흑인도 울고 백인도 울었다. 미국인도 감동했고 유럽인, 아프리카인, 그리고 아시아인도 복받치는 감동에 전율했다.

그런데 이 열한 줄의 토막을 살펴보면 '꿈'이라는 키워드와 그 키워드가 드러난 '나에게는 꿈이 있습니다'라는 핵심 메시지가 눈에 띈다. 무려 일곱 번이나 나온다. 3,000자가 넘는 연설문이 단 한마디로 요약되며, 한마디가 3,000자를 이끌어간다. 한마디가 3,000자 전체에 생명력을 불어넣고 그 생명력이 인류의 영혼을 흔들어 눈시울을 젖게 만들었다. 강력한 하나의 키워드, 하나의 핵심 메시지가 스피치 전체를 감동적으로 만든 것이다. 스피치의 성공은 싱글 키워드, 핵심 메시지에 달려 있다.

나는 한 번의 프레젠테이션에선 한 가지 키워드, 하나의 핵심 메시지만 던진다. 이 책에서 사례로 제시한 텍스트를 보면 오로지 '글로 쓴 구체적인 비전'이라는 단 하나의 메시지에 집중되고 있다. '비전'이라는 키워드, 그리고 '글로 쓴 구체적인 비전'이라는 핵심 메시지가 그것이다. 90분 동안 다채로운 스토리들과 입증 자료, 그리고 경험담을 늘어놓기는 하지만 그것은 모두 하나의 키워드, 전하고자 하는 하나의 메시지를 향해 학익진을 펼치고서 그 하나의 메시지에 집중 포화를 퍼붓고 있는 형국이다.

나는 강의에 사용하는 모든 슬라이드의 디자인에 그 글귀가 들어가게 해서 계속 청중의 눈으로 파고들어가게 한다. 그뿐만 아니라 중간 중간에 기회가 있을 때마다 내 입으로 '글로 쓴 구체적인 비전'이라는 말을 열 번 이상 발음하고, 청중도 따라서 큰 소리로 읽도록 유도한다. 그러면 강의가 끝나고 행사 사회자가 마무리 멘트를 할 때 그 역시 "우리도 오늘부터 글로 쓴 구체적인 비전의 소유자가 될 수 있기를 바랍니다"라고 하는 것을 볼 수 있다. 그걸 보면서 나는 청중도 최소한 오늘 무엇에 관한 강의를 들었는지를 기억하고 있겠구나, 하는 확인을 한다.

그래서 오늘 제 강의를 들으시는 여러분들이 다른 얘기는 모두 잊어버려도 괜찮아요. 그런데 딱 한마디만 오래오래 기억해주시면 정말 대단히 감사하겠습니다. 바로 오늘의 핵심, 오늘의 키워드, '글로 쓴 구체적인 비전'이라는 이 한마디를 오래오래 기억해주시기 바랍니다. 아시겠습니까? 자, 그럼 다 같이 한번 외쳐 볼까요?

'글로 쓴'

'구체적인'

'비전'

'글로 쓴 구체적인 비전'

아! 목소리가 너무 좋습니다. 그런데, 저기, 그리고 이쪽, 오늘 강사가 너무나 다채로운 자료들을 준비해 와가지고 너무나 재미있게 너무나 열심히 강의를 하는 바람에 감동을 먹고 감격해서, 이 감동적인 강의를 차마 눈 뜨고는 들을 수가 없어서 눈을 감고 듣기로 결심하신 분들, 지금까지는 그렇게 눈을 감고 계셨어도 상관없습니다. 그런데 잠깐만 눈을 떠 보시겠습니까? 그리고 여기 이 '글로 쓴 구체적인 비전' 한 줄만 쳐다보시겠습니까?

아, 네에, 보셨네요. 자, 이제 됐습니다. 다시 눈 감으십시오. 끝났습니다.

중요한 고비마다, 전환점마다 모든 이야기가 '글로 쓴 구체적인 비전'이라는 단 하나의 메시지로 시작되고 마무리된다. 그뿐만 아니라 청중으로 하여금 길어도 5분에 한 번씩은 즐겁게 그 메시지를 외치도록 유도한다.

나는 같은 주장을 다른 스토리에 실어서, 다른 증거 자료들을 보여 주면서, 다른 어법과 어투로 여러 번 반복함으로써, 듣는 사람의 기억을 되살려 논리적인 연결이 쉬워지도록 이끌어가려 노력한다.

때론 청중이 잘 아는 사실을 말하여 관심을 끌고, 점차 그들이 모르는 새로운 사실로 나아가면서, 일반적인 이야기에서 전문적인 이야기로 유도해가기도 하고, 어떤 때는 그 반대로 생소한 이야기에서 시작하여 다 아는 이야기로 연결시키기도 한다.

그래서 청중은 오늘 무슨 얘기를 들었는지, '글로 쓴 구체적인 비전' 그것이 왜 필요한지, 어떤 실천 방법이 있는지, 그리고 언제 어디서 시작해야 할지, 내가 주장한 것들을 부담감 없이 받아들이게 된다.

이렇게 생생하고 명쾌한 하나의 메시지를 받아든 청중은 '저 사람 얘기를 못 들은 척해? 아님 나도 저런 식으로 한번 시작해봐? 일단, 저 사람이 썼다는 그 책이라도 한번 읽어볼까?' 하면서 사후 처리, 반응 행동에 대해 나름의 고민을 시작한다. 그러면 성공이다. 한 번의 강의에선 오직 하나의 메시지만을 던진 덕분이다.

마크 위스컵(Mark Wiskup)은 《프레젠테이션 심리학》이라는 책에서 연단을 향해 걸어가고 있는 강사에게 잘 준비된 핵심 메시지가 있다면 그는 이미 청중에게 큰 충격을 주고 호응을 얻을 것이며, 큰 박수를 받을 준비가 되어 있는 것이라고 말한다. 핵심 메시지를 적절히, 그리고 열렬히 사용한다는 것은 그만큼 강사에게 논리적 확신과 경험이 있음을 방증하는 것이고, 또 그 소중한 경험을 청중과 공유하고자 애쓴다는 의미가 된다. 그러므로 잘 준비된 핵심 메시지는 청중의 마음을 사로잡고 강사에 대한 본능적 불신감을 떨쳐내는 아주 유효한 수단이다.

프레젠테이션, 강의, 설교, 주례사, 사업 설명회, CEO의 한 말씀, 교장 선생님의 훈화가 맥 빠지고 지루해지는 것은 강력한 핵심 메시지가 없기 때문이다. 좋은 핵심 메시지를 만드는 방법은 간단하다. 다음의 세 가지 질문을 자신에게 던지고 한 시간만 고민해보면 된다.

- 청중이 회의실을 빠져 나가면서 어떤 말을 하도록 만들 것인가?
- 청중이 그날 밤 무엇을 결심하게 만들고 싶은가?
- 청중이 다음 날 점심시간에 동료나 친구에게 무슨 말을 전하게 만들 것인가?

서론이 왜 중요한가?

고전적인 예로 마크 트웨인의 소설 《톰 소여의 모험》에 나오는 톰과 담장을 들 수 있다. 톰이 친구들에게 담장에 페인트칠하는 것을 도와달라고 하자 그들은 단호하게 거절한다. 톰의 일을 대신 해줄 이유가 없기 때문이다. 그런데 톰이 담장 칠하는 일이 대단한 일이라도 되는 것처럼 으스대고 페인트는 아주 잘 칠해야 하기 때문에 아무나 할 수 없는 일이라고 말하자, 친구들은 페인트칠을 하게 해달라고 조르기 시작한다. 이 장면의 끝에서 톰의 친구들은 톰에게 돈을 주고 담장에 페인트칠을 할 기회를 얻는다. 문제는 전적으로 분위기 조성, 즉 담장 칠하기를 어떻게 소개하느냐이다. 이것이 서론이 프레젠테이션의 가장 중요한 부분인 이유다. 서론은 청중의 기대감을 조성한다. 서론은 프레젠테이션의 다른 모든 내용에 대한 청중의 해석과 반응을 결정한다. 바꾸어 말하면 서론은 청중의 반응을 유리하게 형성할 수 있는 가장 좋은 기회인 것이다.

_ 말콤 쿠쉬너의 《프레젠테이션!-최상의 성공전략》 중에서

|02| 집중

숨 돌릴 틈도 주지 않는다

지금 이 책을 쓰고 있는 나 또한 청중이 되어 강사의 말을 들을 때, 졸거나 엉뚱한 생각을 하고 있는 나 자신을 발견할 때가 많다. 때론 한 강좌 듣는 데 2박 3일도 걸린다. 듣다가 두 번 자고 세 번 깨기 때문이다. 태연히 눈을 뜨고 강사를 응시하고 있지만 아주 특별한 상황이 연출되거나 솔깃한 이야기보따리가 없으면 대부분의 청중은 강사의 기대만큼 집중하거나 경청하지 않는다. 아무리 유익한 정보를 전달하고 아무리 주옥같은 지혜의 말을 쏟아낸다고 해도 청중이 마음속으로 딴전을 피우고 있다면 아무 소용이 없다. 무대 위에 홀로 선 그대의 최대 과제는 청중으로 하여금 잡념에 빠질 일말의 여유도 주지 않고 오직 그대에게만 눈과 귀와 마음을 집중케 하는 일이다. 그러기 위해선 무대 위에서 그 결말이 너무 궁금한 무언가 특별한 퍼포먼스 또는 이벤트를 계속해서 연출해야 한다. 준비한 유익한 정보에 태연한 익살과 진지한 연기를 곁들여 반전에 반전을 거듭하는 스토리텔링을 병행한다면, 무대에 선 당신은 더 이상 혼자가 아니며 프레젠테이션은 본궤도에 오르게 될 것이다.

현장,
물건과 상황을 최대한 활용한다

요즘 나는 강연이 있을 때마다 폭 30센티미터 길이 30미터 정도의 두루마리를 들고 간다. 그리고 마법의 문장이라는 것을 설명할 때 활용한다. 마법의 문장이란 자신의 필생의 꿈을 날짜와 함께 적은 짧은 한 줄이다. 예를 들면 '나는 2020년까지 100명의 명품 강사를 육성한다'라는 식이다.

나는 이 마법의 문장을 흰 천에 붓펜으로 2,000번 정도 쓴 두루마리를 빨간 보자기에 둘둘 말아 싼 채 들고 서서, 청중 가운데 두세 명을 무대 위로 올라오게 한다. 올라와 도와주는 사람에겐 특별한 선물이 있다고 말하면 대개는 서로 올라오려고 경쟁한다. 나는 그들에게 자기소개를 하도록 한 후, 두루마리를 주며 무대 양 옆으로 걸어가 펴달라고 부탁한다.

두루마리가 펼쳐지는 순간 청중은 고개를 절레절레 흔들며 와와, 우우 하는 탄성으로 반응을 보낸다. 여기저기서 그 모습을 카메라에 담는 사람도 있다. 뒤에 있어 잘 안 보이는 사람은 일어서서 까치발로 서서 보기도 한다. 그때 나는 무대 중간에 서서 두 손으로 두루마리를 잡고 청중에게 말한다.

이렇게 붓펜으로 이 마법의 문장을 매일 아침마다 열다섯 번씩 과거 10년 이상 써왔습니다. 하루에 열다섯 번씩 줄기차게 쓴 것이죠. 이런 식으로 열다섯 번을 쓰자면 약 20분 정도 걸립니다. 한 자 한 자 정성껏 쓰기 때문입니다. 이걸 쓰는 동안 제 머릿속에는 온갖 아이디어가 떠오릅니다.
'아하, 그렇게 하면 나의 꿈을 훨씬 빨리 효과적으로 이룰 수 있겠구나. 그렇지, 그 사람을 만나보는 게 좋겠어. 만나서 실제 인터넷 방송의 운영 노하우를 물어봐야겠는걸. 그렇지, 내일 광주에 가기 전에 그 사람을 만나봐야겠군.'
생각은 꼬리에 꼬리를 뭅니다. 쓰는 것 자체가 브레인스토밍, 아이디어 창출입니다.
'어제 부산대학교에서는 사명선언문의 효과에 대해 설명을 잘못했어. 그렇게 하는 게 아닌데. 다음 주 충북대학교에 갈 때는 그런 식으로 하지 말고 좀 더 많은 질문거리를 만들어 가지고 가서 질문을 많이 던지고, 더 많은 학생들을 무대 위로 올라오게 해서 이야기를 하도록 유도하는 게 좋겠군. 그래 그게 좋겠어, 그렇게 해야지.'
이런 식으로 지나간 일의 반성과 개선책이 떠오릅니다. 이렇게 마법의 문장을 적는다는 것은 삶의 되새김질입니다.

이걸 쓰는 동안에 많은 일들 중 집중과 선택이 이루어집니다.

'이번 달 코칭 아카데미는 전북에서 해야 하나, 아님 양평에서 해야 하나. 시설은 양평이 좋지만 효과는 전북이 더 좋을 텐데. 비용은 어떻게 되더라. 참가자들의 지역 분포는 어떻게 되지? 그래, 그러니까 이번엔 양평이 낫겠어.'

쓰다가 보면 그 목표를 달성했을 때 변화된 내 모습이 보입니다. 달라진 세상도 보입니다. 전에는 보지 못하던 것들도 보게 됩니다. 듣지 못하던 것들도 듣게 됩니다. 불가능이 가능으로 바뀝니다. '다음에'가 '지금 당장'으로 바뀝니다. 쓰는 것이 결단이며 결행입니다. 여러분도 써보세요. 저처럼 이렇게, 아니면 여러분 나름의 독창적인 방법으로 독창적인 시간에, 독창적인 장소에서······ 글로 쓴 구체적인!

신약 성서는 역사상 최고의 토크파워를 보여준 모티베이터(예수)에 관한 이야기책이다. 그 모티베이터의 스피치가 2,000년 이상 사람들에게 회자되고 있으며, 그의 가르침을 삶의 양식으로 삼고 있는 사람이 너무나 많기 때문이다.

하루는 예수의 제자들이 누가 선배이고 우두머리냐 하는 문제를 놓고 다투고 있을 때였다. 그는 마침 그 주변에 어린이가 있는 것을 보고 그 어린이를 불러 머리를 쓰다듬으며 제자들 가운데 세워둔 채 "누구든지 내 이름으로 이 어린아이를 영접하면 곧 나를 영접함이요, 또 누구든지 나를 영접하면 곧 나 보내신 이를 영접함이라. 너희 모든 사람 중에 가장 작은 그 이가 큰 자니라"라고 말함으로써 극적으로 '겸손'이라는 메시지를 던졌다.

그는 이야기를 하고 있는 현장에 있는 물건이나 상황을 활용하여 많은 스토리를 들려주곤 했다. 물고기를 잡고 있는 어부를 만나면 그물이나 물고기 잡는 방법을 소재로 이야기했고, 이야기하는 곳에 무화과나무가 있으면 무화과나무를, 포도주가 있으면 포도주를 소재로 하여 자신의 메시지를 전달했다. 우물가에서 만난 여인에게는 생명수에 관한 이야기를 하기도 했다.

나는 이처럼 현장에 있는 물건을 제대로 활용하여 이야기하는 한 사람을 실제로 본 적이 있다. 창의적 강의법에 관한 워크숍에 참석했는데 거기서 강의한 밥 파이크(Bob Pike)가 바로 그런 사람이었다. 그는 프레젠테이션을 할 때 한꺼번에 너무 많은 개념을 던지지 말라는 말을 하면서, 두 손으로 현장에 있던 생수병과 유리컵을 높이 치켜들었다. 모든 사람의 시선이 유리컵과 생수병에 쏠렸다. 그는 생수병을 기울여 물을 컵에 붓기 시작했다. 잠시 후 물이 컵을 가득 채웠다. 그러나 그는 붓기를 멈추지 않았다. 컵에서 넘쳐흐른 물이 그의 소매를 적시고 바닥에 흘렀다. 그래도 그는 붓기를 그만두지 않고, 병에 물이 한 방울도 남지 않을 때까지 계속 물을 부었다. 사람들은 그가 언제쯤 물 붓기를 멈출 것인가, 저렇게 계속 물이 흘러내리면 바닥이 많이 젖을 텐데, 도대체 왜 저런 행동을 하는지 궁금증을 안은 채 모두 그의 입을 쳐다보고 있었다. 병을 깨끗이 비운 뒤 그가 마침내 입을 열었다.

"여러분, 여기 물이 몇 컵이나 남았습니까?"

"한 컵이요."

"그런데 제가 물을 몇 병을 부었지요?"

"한 병이요."

"한 병 부었다고 한 병 다 남았습니까?"

"아니요."

"얼마 남았습니까?"

"한 컵이요."

"나머지는 어디로 갔습니까?"

"바닥이요."

"그럼 여러분이 한 병을 가르치면 학생들이 한 병을 다 받아들입니까?"

"아니요."

"그럼 얼마나 받아들입니까?"

"한 컵이요."

"네, 그렇습니다. 한 컵입니다. 여러분, 한 시간에 한 컵만 가르치십시오."

그렇다. 발표자, 설교자, 연설가, 해설사, 교사, 강사들이 아무리 많은 개념을 퍼부어대도, 듣는 사람은 몇 개의 개념밖에 처리할 수가 없다. 한꺼번에 너무 많은 개념을 던져주면 그들은 물 컵처럼 이해할 수 있는 것들만 받아들이고 나머지는 다 흘려버리거나, 과부화가 걸려 듣기를 포기할 수 있다. 밥 파이크는 그것을 말이 아니라 물건을 이용하여 실제로 보여주었다. 현장에 있는 물건을 이용해 자기가 전하고 싶은 메시지를 너무나 명료하게 설명한 것이다. 그의 생수병이 거의 비워질 무렵에야 나는 그의 의도를 알아채고 빙긋이 웃었던 기억이 난다. 나를 포함해 이제까지 그의 영어를 알아듣지 못하던 사람들도 단숨에 그가 하는 말을 알아들었고, 집중력이 떨어졌던 사람들의 눈과 귀도 다시 그에게 쏠렸다.

밥 파이크 박사의 강의를 들은 후, 나는 맛을 감별하는 혀의 잠재력에 대해 이야기할 때는 교탁 위에 놓여 있는 물 컵을 치켜들어서 시선을 집중시켜놓고 이야기하고, 손가락 피부의 예민함에 대해 이야기할 때는 앞에 놓여 있는 칠판에 손가락을 얹어놓고 이야기한다. 그럴 때마다 엄청나게 시선이 집중되는 것을 느꼈고, 말의 설득력이 현저히 높아지는 걸 경험했다. 그래서 요즈음엔 아예 활용할 물건을 미리 준비해 가지고 다니기도 한다.

짧은 즉석 스피치, 비즈니스 프레젠테이션, 설교, 연설, 초청 특강 등 대중 앞에서 말을 할 때 현장에 있는 물건들과 현장의 상황을 최대한 활용하는 것은, 산만해지기 쉬운 청중의 시선을 관리하고 말의 설득력을 높이는 방법일 뿐만 아니라, 전달하는 콘텐츠를 오래 기억하게 하는 효과적인 방법이다.

앞서 말한 두루마리 같은 경우, 청중 가운데 두 명, 즉 청중의 동료 집단 중 두 사람을 무대로 불러올려 함께 읽는다. 그들과 이야기를 주고받으면서 적힌 내용을 손으로 짚으며 읽어가면 모든 시선이 무대로 쏠리지 않을 수 없다. '어, 저기 서 있는 저 친구는 우리 옆 부서 사람인데, 오늘 헤어스타일 좀 신경 썼군' 하면서 관심을 갖게 된다. 뒤쪽에 앉은 사람들은 잘 보이지 않으면 모두 일어서서 깨금발을 하고 본다. 그렇게 되면 카메라들이 그냥 있질 못한다. 여기저기서 셔터 누르는 소리가 들린다. 플래시가 터진다. 특히 주최 측은 이때다 하고 기록용 카메라를 들이댄다. 분위기가 이렇게 돌아가면 졸던 사람들도 "어, 뭐야?" 하면서 깨어나 무슨 일이 벌어지고 있는지 구경한다.

이때 그들이 단순히 구경만 하도록 놔두지 않고 나는 두루마리에 적혀 있는 내용을 모두 한 목소리로 읽어보게 한다. 그러고는 방금 읽은 내용에 대해 청중에게 말을 건다. 그럴 땐 대답하지 않는 사람이 거의 없을 정도다. 강사와 청중의 호흡 맞추기가 시작되는 것이다.

이렇게 현장에 있는 물건, 사람, 상황을 이용하는 것은 조는 사람을 깨우고 산만해진 주의력을 집중시키는 아주 탁월한 수단이다.

스토리텔링,
메시지가 살아 숨 쉬게 한다

'꼰대'의 설교

우리의 제일 관심사는 뭐니 뭐니 해도 안전입니다. 그런데 최근의 사고 기록을 보고 있으면 우리는 갈수록 사고를 예방하지 못하고 있다는 것을 알 수 있습니다. 올해 일어난 갑작스러운 사고들은 작년에 비해 18퍼센트나 증가했고, 그로 인해 작업 시간이 26퍼센트나 줄어들었습니다. 이러한 현실을 절대 용납해서는 안 됩니다.

저는 여러분이 가끔 눈 보호대를 하지 않고 있는 것을 목격합니다. 또 재고 창고에 아무렇게나 방치되어 있는 사다리도 봅니다. 다시 말해, 작업장 전체가 정돈되어 있지 않은 것은 물론이고 안전에 대한 기본적인 경각심이 너무 부족합니다.

저는 더 이상 이런 일이 벌어지지 않도록 하기 위해 이 자리에 섰습니다. 앞으론 안전을 무시하고 있는 여러분의 무모한 행동을 일체 용납하지 않을 것입니다. 만약 이 순간부터 여러분이 안전 수칙을 지키지 않는다면 당장 그 자리에서 여러분을 귀가시킬 것이며 임금도 삭감할 것입니다. 저는 여러분이 얼마나 바쁘게 일하는지에 대해서는 관심을 갖지 않을 것입니다. 제게 올라오는 사고 보고서들이 들쭉날쭉하지 않고 점점 줄어든다면 몰라도 그렇지 않으면 저는 지금 말한 방침을 계속해서 시행할 것입니다.

'이야기꾼'의 서비스

여러분을 위해 작업장 곳곳에 안전의 중요성을 일깨우는 표지판을 붙여 놓았지만 효과가 썩 좋지 않은 것 같습니다. 그래서 저는 우리가 지금 왜 이 회의를 하는지, 우리의 안전 기록이 왜 더 나아져야 하는지를 말씀드리겠습니다.

여러분이 안전 수칙을 따르지 않는다는 것은 바로 여러분이 소중하게 생각하는 사람들의 행복을 앗아가는 것과 똑같습니다. (김 반장을 가리키며) 김 반장님, 반장님은 아들이 선수로 있는 어린이 야구단의 코치를 맡고 있다고 들었습니다. 그런데 부러진 손목으로 땅볼을 친다면 당신의 아들이 훌륭한 내야수가 되기는 힘들겠지요? (최 대리를 가리키며) 최 대리님, 대리님은 주말에 부인과 함께 낚시를 즐긴다고 들었습니다. 그런데 삔 손목으로 호수로 걸어 들어가 수심을 측정하고 큰 물고기를 잡는다는 것은 여간 힘든 일이 아니겠죠.

만약에 여러분이 다치게 되면 저는 여러분이 가장 소중하게 생각하는 사람에게 전화를 걸어 가까운 병원에서 만나자고 말해야 합니다. 저는 개인적으로 가족들에게 나쁜 소식을 전하는 것을 매우 싫어합니다. 그래서 저는 오늘부터 여러분 때문에 그러한 전화 통화를 하는 일이 절대 없도록 할 것입니다.

방법은 이렇습니다. 우리 모두가 합의한 안전 수칙을 지키지 않는 사람을 목격한다면, 저는 그 사람을 당장 귀가시킬 것입니다. 그러면 그 사람은 가족에게 자신이 왜 회사에 있지 않은지 그 이유를 해명해야 합니다. 저는 오늘 밤뿐만 아니라 앞으로 매일같이 여러분이 안전하게 귀가하기를 바라기 때문에 오늘부터 우리의 안전 기록이 나아지도록 최선을 다할 것입니다.

_마크 위스컵의 《프레젠테이션 심리학》 중에서

당신은 '꼰대'인가, '이야기꾼'인가? 탁월한 연설가, 설교자, 그리고 프레젠터는 설교를 하지 않는다. 논리적 설명도 하지 않는다. 그들은 성공하기 위해선, 삶의 질을 높이기 위해선, 아니면 꿈을 현실로 이루기 위해선 이렇게 해야 한다, 저렇게 해야 한다는 말을 하지 않는다. 다만, 원하는 것을 실제로 손에 움켜쥔 사람들과 실패를 성공으로 반전시킨 사람들, 그리고 꿈을 현실로 만든 사람들의 스토리, 그들이 어떤 역경에 처했는지, 무엇부터 어떻게 시작했는지, 어떤 어려움과 경이로움을 겪었는지, 그래서 어떤 결과를 가져왔는지를 생생하게 전달할 뿐이다.

나는 연설가가 아니다. 설교자는 더더욱 아니다. 나는 이야기꾼일 뿐이다. 나는 어떤 강연에서도 '설교'를 하지 않는다. 그냥, 이런저런 구수한 이야기를 늘어놓을 뿐이다. 그런데도 사람들은 나의 메시지를 정확하게 이해하고, 받아들이고, 무언가를 결심한 목소리로 외친다.

"감동 받았습니다."

"감사합니다."

"한 번 연락드리고 싶습니다."

왜 그럴까? 마크 빅터 한센(Mark Victor Hansen)이 그 답을 말해주고 있다.

《영혼을 위한 닭고기 스프》가 그토록 많은 호응을 얻은 것은 온 세계가 스토리에 굶주려 있기 때문이다. 그것이 오늘날 강연 산업이 번성하게 된 이유이다. 강사들은 바로 스토리에 굶주린 청중에게 이야기라는 양식을 주어야 할 것이다. 그것이 바로 강사들이 할 일이다. 완숙한 스토리 전달은 삶의 가치를 높이는 아주 중요한 요소이다.

사실, 나도 《아들아, 머뭇거리기에는 인생이 너무 짧다》 1권이 나오고 난 후 여기저기 강연을 하러 다녔지만 역시 설교를 하느라 진땀을 빼곤 했다. 그러다가 아네트 시몬스(Annette Simmons)가 쓴 《스토리텔링》이라는 책을 읽고 난 후부터는 설교를 집어치우고 오직 스토리텔링에만 전념하게 되었다.

마크 빅터 한센은 스토리만큼 사람에게 역동적으로 영향을 끼치는 것은 없다고 단호하게 말했다. 그의 말에 따르면 스토리는 듣는 사람에게 스스로 생각할 수 있는 시간적, 공간적 여유를 준다. 그리고 듣는 사람의 마음속에서 살아 숨 쉬고 발전하며 성장한다. 좋은 스토리는 자생력을 가지고 있기 때문에 청중의 마음속에 살아 숨 쉬게 하려고 일부러

애쓸 필요도 없다. 왜냐하면, 스토리 속 주인공들, 조연들, 멋진 배경들이 청중의 마음속에서 저절로 살아 움직이기 때문이다. 그래서 한 장의 사진은 천 마디 말의 가치가 있지만, 한 토막의 스토리는 만 장의 사진의 가치가 있는 것이다.

자신으로부터 받은 편지

미국 뉴욕에 플래닛 할리우드라는 유명한 레스토랑이 있습니다. 그 레스토랑에서는 예전에, 빈 공간이란 공간엔 모두 할리우드 스타들의 물건들을 즐비하게 늘어놓았다고 합니다. 그 물건 중에는 여기 화면에 있는 이 연기자, 이소룡이 만년필로 쓴 메모지 한 장이 벽에 걸려 있었습니다.

"오늘은 1970년 1월 9일인데 지금부터 10년 내로 이곳 할리우드에는 아시아, 중국을 배경으로 한 쿵푸 영화의 열풍이 한 번은 휩쓸고 지나갈 것입니다. 그런 영화에서의 최고의 연기자는 브루스 리, 바로 당신이 될 텐데, 그날이 오면 그야말로 대박을 터트려야 합니다."

이소룡은 이 메모를 쓴 후 우체국으로 가서 등기우편으로 누군가에게 보냈다고 합니다. 그런데 그걸 받아본 사람이 누구였는가? 편지의 수신인은 브루스 리, 바로 자신이었답니다. 그렇게 편지를 부쳐놓고는 우체부가 찾아와 "편지요" 하며 전해주니, 이소룡은 천연덕스럽게 "어? 무슨 편지가 왔을까?" 하고는 편지를 받아 읽었습니다.

이소룡은 그 편지를 읽고 또 읽고 가슴에 품고 다녔습니다. 그러고는 살면서 뭔가 앞이 잘 보이지 않을 때, 갈래 길이 나올 때, 그리고 마음이 흔들릴 때마다 자신으로부터 받은 편지를 꺼내 읽었습니다. 그는 그렇게 자신의 힘으로 흔들리는 마음을 추스르고 올바른 선택을 하며 목표지점까지 성공적으로 나아갔다고 합니다.

꿈을 이루는 마법의 문장

공장의 말단 직원으로 근무하던 스콧 애덤스(Scott Adams)라는 사람이 있었는데요, 그는 작은 칸막이로 나누어진 책상에 앉아서 낙서를 하곤 했습니다. 그는 다음과 같은 글귀를 하루에 열다섯 번씩 썼습니다.

"나는 신문협회에 단체로 배급되는 만화를 그리는 유명한 만화 작가가 될 거야!"

비록 당시 그의 만화는 신문사들로부터 수도 없이 거절당하고 있었지만 포기하지 않았습니다. 마침내 스콧 애덤스는 하루에 열다섯 번씩 썼던 그 글귀를 현실로 만들고 말았습니다. 그의 만화, 〈딜버트Dilbert〉에 대한 신디케이트 계약, 즉 각종 신문잡지에 작품을 배급하는 계약에 서명을 한 것입니다. 그러나 그는 거기에 머무르지 않고, 예전 글귀를 다음과 같이 바꾸고 역시 열다섯 번씩 썼습니다.

"나는 세계 최고의 만화가가 되겠다."

지금 〈딜버트〉는 전 세계 2,000개 이상이 되는 신문에 날마다 실리고 있으며, 그의 홈페이지에는 하루 10만 명 이상이 접속하고 있습니다. 이제 세계 어디를 가도 딜버트 캐릭터로 장식되어 있는 커피 잔, 마우스패드, 탁상다이어리와 캘린더들을 볼 수 있습니다.

이 두 개의 스토리는 원하는 것을 손에 넣는 데, 혹은 꿈을 현실로 만드는 데 '글로 쓴 구체적인 비전'이 얼마나 중요한지를 보여주는 예이다. 그러나 이 이야기에는 "우리 모두 비전을 가져야 합니다!"라는 외침도 없고, "비전은 우리 삶에 매우 중요합니다!"라는 주장도 없으며, "비전을 반드시 글로 구체적으로 써야 합니다!"라는 설교도 없다. 그런데도 이 이야기를 들은 사람들은 '목표를 달성하기 위해선, 운명을 바꿔보기 위해선 그만큼 종이와 연필을 많이 사용해야 되는 것이로구나'라고 느꼈을 것이다.

이것이 바로 스토리텔링의 힘이다. "이렇게 하면 된다, 저렇게 하는 것이 바람직하다"라고 목청을 높이는 것보다 흥미로운 스토리에 말하고자 하는 메시지를 담아내면 듣는 이는 좀 더 쉽게 말하는 이의 의도를 파악할 수 있을 뿐만 아니라, 그에 쉽게 동의할 수 있다.

새롭고 재미있는 스토리 없이 그냥 어떤 사실만 제시하면 사람들은 그 사실을 나름대로 해석해서 받아들이거나, 의도를 왜곡해버리곤 한다. 결국, 아무리 입이 닳도록 이야기를 해도 말하는 사람의 메시지는 사람들의 가슴속을 파고들지 못하고, 토크는 파워를 잃게 된다.

이렇게 스토리는 사람들이 사실을 정확하게 해석하는 데 아주 효과적일 뿐만 아니라, 메시지의 영향력을 극대화시킨다. '사실'이라는 것은 그것이 '진실한 의미'로 다가가지 않는 한 사람들에게 영향을 주지 못한다.

"담배는 몸에 해로우니 오늘 당장 끊어야 한다"는 말에 콧방귀도 안 뀌는 애연가들도, 담배를 피우던 사람이 후두암에 걸려 목에 구멍이 났는데도 목구멍에 계속 담배를 끼워 피우는 끔찍한 모습을 이야기해준다든지, 담배 때문에 가족과 헤어지고 파산한 이야기를 해주면 마음이 움직일 것이다.

나는 단상에 서서 이야기를 하는 동안 청중 가운데 단 한 명이라도 졸거나 딴청 피우는 것을 참지 못한다. 그러나 그들에게 화를 내거나 내 이야기를 들어달라고 목소리를 높이지 않는다. 그들이 졸지 않고 나의 이야기에 귀를 쫑긋 세우고 공감하는 눈빛을 보내오길 원하면 원할수록 더 재미있는 스토리를 꺼내려고 노력한다. 내 삶의 경험들을 흥미진진한 스토리로 꾸미거나, 그러기 어려우면 다른 적절한 스토리에 메시지를 접목시키기도 한다. 그래서 내 강연에서는 조는 사람을 거의 볼 수 없다.

《영혼을 위한 닭고기 수프》는 북미 대륙에서만 4,000만 권 이상 팔린 경이로운 책이다. 이 책은 미국 서점협회가 선정하는 '올해의 책'으로 선정된 바도 있다. 이 책으로 인해 잭 캔필드(Jsck Canfield)는 세계에서 가장 감동적인 강연을 하는 사람으로 알려졌다. 그는 이미 100만 명 이상을 대상으로 '영혼을 위한 닭고기 수프' 강연과 세미나를 열었고, CNN·NBC·CBS TV에 나가 수천만 시청자를 감동시켰다. 그렇다면 그가 출판의 신기원을 일으킬 만큼의 토크파워를 보여줄 수 있었던 비결은 무엇이었을까? 그 해답은 그가 남긴 다음의 말에서 찾을 수 있다.

> 나는 2만 개의 스토리를 읽었다. 그중에서 내가 좋아하는 2,000개의 스토리를 20권의 책에다 썼다. 당신이 만약《영혼을 위한 닭고기 수프》

시리즈를 모두 다 읽었다면, 당신은 내가 말하지 않고는 배길 수 없는 2,000개의 스토리를 다 알게 된 셈이다.

그렇다. 잭 캔필드가 그토록 강력한 토크파워를 보여줄 수 있었던 것은 스토리가 축적되어 있었기 때문이다. 그는 탁월한 이야기꾼이 되기 위해 노력했다. 2만 개의 스토리를 읽고 그중 2,000개는 원저작권자로부터 책이나 강연에 인용해도 좋다는 서면 동의를 받아두는 수고를 마다하지 않았다. 그래서 그는 자기가 알고 있는 2만 개의 스토리를 적재적소에 풀어놓을 수 있는 기술을 갖게 되었을 뿐만 아니라, 그 스토리들을 소재로 사람들의 감성과 이성을 조화롭게 터치해나갈 수 있게 되었다. 스토리의 축적이 바로 강사의 재산이다.

그런데 그 스토리들을 어디서 어떻게 찾느냐고? 스토리는 언제 어디서나 찾아낼 수 있다. 책을 읽다가, 영화를 보다가, 심지어 무심코 옆에 있는 사람의 이야기를 듣다가도 활용할 수 있는 스토리를 발견할 수 있다. 특히, 요즘에는 인터넷이라는 훌륭한 정보 창고가 있으니 이를 이용해도 좋을 것이다.

나는 다음의 다섯 가지 방법을 사용한다.

첫째, 나의 정체성을 스토리로 만든다. 내가 누구인가를 보여줄 수 있는 주제, 내가 걸어가야 한다고 생각하는 올바른 길의 모습, 내 인생에 있어 가장 빛나던 영광의 순간 등을 찾아, 그런 것들이 서로 어떻게 연결되며 어떤 의미가 있는지 살펴 작은 스토리들을 만든다.

둘째, 나의 노력의 결과를 스토리로 만든다. 과거 내가 기울였던 노력의 결과물 중에서 특별히 아주 좋았거나 좋지 않았던 것을 소재로 삼아 그날의 주제와 연관시켜 스토리로 만든다.

셋째, 나의 실패와 고통을 스토리로 만든다. 삶에 있어 고통스러웠던 순간 그리고 내가 저질렀던 가장 큰 실수를 회상해보고, 그것을 통해 배웠던 교훈을 하나씩 연결시켜 하나의 스토리를 만든다.

넷째, 나의 약점을 스토리로 만든다. 너무 슬프고 너무 참담하여 숨조차 못 쉴 만큼 울었던 때, 너무나 부끄러워서 탁자 밑으로 기어 들어가 숨고 싶었던 순간 등을 스토리로 만든다.

다섯째, 기억에 남아 있는 스토리를 찾아서 새로운 스토리를 만든다. 그것이 영화든 책이든 그 외의 것이든 상관없다. 인상 깊었던 어떤 영화나 책에서 본 스토리를 나의 관점으로 걸러 새로운 스토리를 탄생시킨다.

진지한 연기,
논리보다 감성에 호소한다

강사가 조용한 목소리로 "그 책 내려놔. 글자도 모르면서, 라는 소리가 들려왔습니다"라고 평이하게 말하면 청중은 대략 어떤 상황이겠구나 하고 짐작은 하겠지만, 그 말을 들은 스토리 속의 주인공이 받았을 심적 충격은 느낄 수가 없다. 그러나 날카롭고 신경질적인 목소리로 "내려놔! 글자도 모르면서 왜 책을 만져? 저리 가!" 하고 소리친 다음, 충격을 받아서 당황해하는 표정을 지으면서 "……하는 소리가 들려 왔습니다"라고 목소리를 낮추면 스토리 속의 주인공에게 일어났던 감정의 동요가 청중에게로 이입된다. 그렇게 되면 말하는 사람은 수분 간 청중의 주의력을 한 곳에 묶어두는 데 성공할 수 있다. 이렇게 말하는 사람에겐 듣는 사람의 감성을 터치할 수 있는 상당한 수준의 기술, 즉 연기가 필요하다.

나는 필요하다 싶으면 거침없이 열정적인 연기를 시도한다. 연기를 하니까 산만한 청중의 감성에 가 닿아 그들이 하나의 응집된 소통 공동체가 되는 게 느껴졌다. 또한 언제 어느 부분에서 클라이맥스에 도달할지에 대한 감각이 예민해졌다.

연기를 배운 적이 있느냐고? 아니다. 배운 적은 없고 다만 열정만 있을 뿐이다. 열정만 있으면 누구나 할 수 있는 것이 연기다. 사실, 인간은 누구나 연기자다. 애인에게 전화를 거는 것도 노래방에서 한 곡조 부르는 것도 머릿속에 미리 어떻게 해야겠다는 대본을 짜놓고 그대로 하는 것이니 이 모두가 연기의 일종이다. 강사가 목소리, 표정, 제스처, 옷차림, 액션을 활용하여 전달하고자 하는 의도를 좀 더 확연히 드러내고자 하는 모든 노력 역시 연기라고 할 수 있다. 그러므로 연기는 누구나 할 수 있는 것이다.

모자라거나 말거나 엉터리거나 아니거나를 떠나 나는 열정적인 연기를 시도한다. 그러면 사람들이 나에게 와서 감동받았다, 카리스마가 있다고 말한다. 카리스마를 한마디로 정의하면 사람을 감동시키는 능력이다. 열정이 감동의 원천이 되는 이유는 열정 자체가 전염성이 매우 강하기 때문이다. 사람들을 감동시키고 싶다면 열정적인 모습을 잘 연출하라.

화면에 등장한 찰리 패덕(Charlie Paddock)이라는 사람은요, 1920년 벨기에 안트베르펜 올림픽에 미국 국가대표 육상 선수로 출전해 100미터 달리기에서 10초 8로 세계 신기록을 세워 금메달리스트가 됐습니다. 그가 미국에 돌아오자, 졸업했던 중학교에서 "훌륭하신 선배님께서 모교에 와서 후배들에게 좋은 말씀 좀 해주시기 바랍니다" 하는 거예요. 그래서 찰리 패덕은 모교 후배들을 다 모아놓고 강연을 했습니다.

"사랑하는 후배 여러분, 나는 여러분만 한 바로 그 나이 때 올림픽이라는 꿈의 무대에 가서 금메달을 목에 걸고 말겠다는 결심을 했습니다. 나는 그 찬란한 꿈을 현실로 만들기 위해 얼마만큼의 열정을 쏟아부어야 할지 가늠해보았지요. 그리고 실제로 짐작했던 그만큼의 열정을 쏟아부었더니 이렇게 금메달을 목에 걸었고, 지금 여러분 앞에 서게 됐습니다."

그는 그렇게 이야기하며 한마디 덧붙였습니다.

"아! 그런데 그 누가 단언할 수 있겠습니까? 내가 이렇게 말하고 있는 이 순간에도 여러분 중에 그 누군가가 전에 내가 품었던 꿈을 또 품기 시작하고, 전에 내가 쏟아부었던 그만큼의 열정을 또 쏟아붓기만 한다면, 그가 올림픽에 나가서 또다시 금메달을 목에 걸지 못한다고 그 누가 단언할 수 있겠습니까?"

연설을 마치고 떠나려고 할 때 한 소년이 그를 불러 세웠습니다.

"선생님! 아저씨!"

소년은 달려온 탓에 가쁜 숨을 몰아쉬며 입을 열었습니다.

"아저씨! 선생님! 거기 좀, 거기 잠깐만요. 제가 지금부터 그런 꿈을 품어도 될까요?"

찰리 패덕은 그렇게 이야기하는 아이를 물끄러미 바라봤습니다. 그러고는 악수를 하며 격려해주었습니다.

"얘야, 너는 용기가 있는 아이로구나. 너처럼 용기가 있다면 물론 할 수 있단다."

그리고 세월이 흘러 1936년 베를린 올림픽이 열렸습니다. 그런데 그 소년이 자라 진짜 미국 육상 선수가 되어 올림픽에 출전했지 뭡니까. 그는 100미터를 10초 3에 달려 찰리 패덕의 세계 신기록을 0.5초나 단축했습니다. 100미터, 200미터, 400미터 계주, 그리고 넓이 뛰기까지 육상 부분 4관왕을 차지해 미국의 영웅이 되었습니다. 그 선수가 바로 전설적인 육상 영웅 제시 오언스(Jesse Owens)입니다.

여러분! 이렇게 비전이라는 것은 가슴에서 가슴으로 옮겨집니다. 사람에서 사람으로 직접 전파되는 것입니다.

나는 처음에 "화면에 등장한 찰리 패덕이라는 사람은요"로 시작하여 "모교 후배들을 다 모아놓고 강연을 했습니다"라는 부분까지 이야기의 서두를 꺼낼 때는 그냥 평범한 설명조의 표정과 목소리로 말한다. 그러다가 실제로 패덕의 강연이 시작되는 부분 즉, "사랑하는 후배 여러분"으로 시작하여 "지금 여러분 앞에 서게 됐습니다"로 끝나는 강연의 도입부는 톤을 약간 높이면서 평소보다 배 이상 빠르게 말한다. 뭔가 시작되고 있다는 암시를 주기 위해서다. 그리고 결정적인 부분 "아! 그런데 그 누가 단언할 수 있겠습니까? 내가 이렇게 말하고 있는 이 순간에도……" 대목에 이르러서는 청중의 고막이 터져라, 강연장이 무너져라, 죽을힘을 다해 내가 올릴 수 있는 극한점까지 볼륨을 높인다. 그리고 연이어 나오는 "아저씨! 선생님! 거기 좀, 거기 잠깐만요"에서도 마찬가지로 소리를 질러댄다. 그러면 청중은 눈이 휘둥그레져서 나의 이야기에 몰입한다. 그 순간 장내에 전혀 어떤 움직임이나 잡음이 일어나지 않는다. 그런 다음 "제가 지금부터 그런 꿈을 품어도 될까요?"라고 질문하는 장면과 "애야, 너는 용기가 있는 아이로구나"라고 대답하는 장면에선 반대로 소리를 최대한 낮춘다. 그러면 아무도 숨소리조차 내지 않고 경청한다. 감동의 정적이다. 그때 나도 잠시 여백을 준다. 그러고는 조금 움직이면서 분위기를 바꾸어 다음 이야기를 이어간다.

사실, 그렇게 한바탕 소리를 지르고 나면 온몸엔 땀이 솟고 정말 목구멍이 터지는 것 같다. 어떤 때는 사지에 힘이 죽 빠져 기진맥진할 정도가 된다. 그럴 때면 내가 꼭 이래야 되나, 내가 이러다 제명에 못 죽지, 하는 생각도 든다. 그러다가도 강연장을 빠져 나오는 동안에 여기저기서 환하게 웃는 얼굴로 나를 쳐다보며 "선생님! 아저씨!" 하고 소리치는 사람들에게 손을 흔들어주는 순간 그 모든 고단함이 씻은 듯 사라진다. 바로 이것이 강사에게 열정적인 연기가 필요한 이유이다.

반전,
상상의 허를 찔러 충격을 준다

30분, 아니면 한 시간, 심지어 100분 동안 청중의 집중 상태를 유지하기 위해선 때때로 상상의 허를 찔러 메가톤급 폭탄을 터뜨려야 한다. 어딜 가나 모든 프레젠테이션에는 반대자, 회의론자, 냉소파가 있다. 그들은 졸거나 딴전을 피우거나 아니면 삐딱한 말로 앞에 선 사람의 힘을 뺀다. 강사를 가지고 놀려는 사람들도 있다. 그럴 땐 애드리브, 잽으론 안 된다. 메가톤급 폭탄을 터뜨려서 한방에 날려야 한다. 그들의 항복을 받고 내 편으로 만들어야 한다. 그래야 강사의 카리스마가 살아난다.

《스틱Stick》중에도 이런 말이 나온다. "허를 찌르는 메시지는 고착성이 가장 강한 스티커 메시지다. 예상치 못한 충격을 받으면 우리는 주의를 집중하고 그 자리에 멈춰 서서 골똘히 생각하기 때문이다."

그러기 위해선 반전이 필수적이다. 예측 가능한 이야기가 2분 이상 계속되면 청중은 딴전을 피운다. 말하는 이가 준비한 스토리에는 반전의 요소가 들어가 있어야 한다. 웃음 전문 강사들은 허를 찌르는 반전의 대표적인 사례로 축구인 황선홍의 이름을 가지고 만드는 유머 삼행시를 꼽는다. 그들은 청중에게 황선홍 이름 석 자의 운을 부르라 요구하며 반전의 묘미를 보여준다.

황: 황선홍은 국가대표 축구선수입니다.
선: 선제골을 넣어 한국을 살렸습니다.
홍: 홍명보 만세!

스토리텔링의 묘미는 반전에 있다. 스토리에 빠져들다 보면 청중은 결말이 어떻게 날까 하고 궁금해 하는 기색이 역력하다. 과연 어떻게 끝날 것인가, 해피엔드냐 새드엔드냐? 그동안 여기저기 은밀히 깔아두었던 복선이 어떻게 작용하여 어떤 놀라운 반전이 이루어지느냐, 혹은 마지막에 진한 재미를 주며 두고두고 기억할 만한 한마디를 건져낼 수 있을 것이냐에 대해 나름의 앞지르기를 하면서 강사의 입을 쳐다본다. 너무나 많은 강사들이 청중이 이미 예상하고 있는 범위, 청중의 손바닥 안에 머문다. 스토리의 결말에 허를 찌르는 반전이 아예 없거나 엉뚱해서 청중에게 허탈감을 주는 경우가 많다. 그럴 땐 차라리 스토리텔링을 시도하지 않는 편이 나을 것이다.

이토록 훌륭하신 이분이 여기 이 대학의 학장으로 근무 하실 때가 문제인데요. 제가 조교로 근무하고 있었단 거죠. 조교 아시지요? 조교, 이거는 학생도 아니고 교수도 아니고 그 중간에 낀 얼치기. 말로는 교수들도 조교 보고 야, 자, 안 하고 박 선생 김 선생, 그럽니다. 학생들도 선생님, 선배님, 형님, 이러고. 하지만 그건 다 형식이고. 사실은 교수 '꼬붕'입니다. 하여튼 이 조교들은 9시에 출근합니다. 학장님은 9시 30분에 출근하시고요. 학장님이 출근하시면 저는 30분 정도 기다렸다가 10시 정각에 학장실 문을 노크하고 들어가서 인사를 드립니다.

"학장님 안녕하십니까? 오늘도 햇볕은 쨍쨍, 아침 바람은 살랑살랑, 참 좋은 날인데요. 제가 오늘 학장님을 위해 무엇을 도와드리면 좋겠습니까?"

이렇게 말하면서 고개를 꾸벅하면 학장님이 뭐 이것저것 지시를 내립니다. 저는 그걸 전부 받아 적지요. 그러다 두 시간 있다가 다시 가서 노크하고 "학장님 안녕하십니까? 햇볕은 쨍쨍, 아침 바람은 살랑살랑…… 조금 전에 말씀하신 지시 사항 1번은 이렇게 처리했고, 2번은 약속이 취소되었고, 3번은 발송 완료했고……" 이렇게 결과를 보고합니다. 그러고 나서 점심 먹고 또 오후 2시에 가서 "학장님, 햇볕은 쨍쨍, 바람은 시원시원……" 다시 지시를 받고, 4시에 가서 또 "햇볕은 쨍쨍, 바람은 시원시원……" 결과 보고를 하고. 이렇게 하루에 네 번씩이나 가서 '햇볕은 쨍쨍, 바람은 시원시원' 하니까요, 한 1년 정도 지나니 학장님이 드디어 저를 조금씩 오해하기 시작했습니다.

"아, 강헌구 조교, 저놈이 말이야. 하루에 네 번씩이나 와서 저러는 걸 보니, 저놈이 뱃속 저 깊은 데서부터 학장인 나를 무진장 존경하고 있구나" 하고 말입니다. 그런데 그게 왜 오해냐 하면, 제가 물론 그분을 존경하긴 했습니다. 그냥 존경한 게 아니고 무진장 존경한 것도 사실입니다. 하지만 제가 진짜로 더 존경한 건 거기에 있는 여비서였습니다. 그래서 하루에 네 번씩이나 간 것입니다.

그런데 그 여비서가 지금은 우리 집에 와 있습니다. 온 지 40년 되었습니다. 그리고 대한민국의 총인구가 세 명 증가했습니다.

위의 이야기는 그야말로 반전에 반전을 거듭하고 있다. 학장실에 찾아가기를 1년 이상 계속 밀어붙였는데 그 때문에 학장으로부터 성실성을 인정받은 게 아니라 오해를 받았다는 것이 그 첫 번째고, 학장님을 존경한 것이 아니라 여비서를 존경했다는 대목이 그 두 번째며, 그 여비서가 우리 집에 온 지 40년이 넘었다는 것이 세 번째인 동시에 또한 결정판이다. 특히 "그 여비서가 지금은 우리 집에 와 있습니다"라는 대목이 바로 청중의 예상이 빗나가는, 상상의 허를 찌른 메가톤급 웃음 폭탄이다.

그 폭탄 한 방으로 반대파들과 회의론자들과 그리고 삐딱선을 타고 비웃던 사람들도 웃음을 참지 못하고 어느덧 내 편으로 돌아선다. 그렇게 항복을 받아낸 것이다.

강사라면 적어도 두세 개의 웃음 폭탄을 항상 지니고 다녀야 한다. 단, 한 가지 주의할 점은 웃음 자체를 위한 웃음은 금물이라는 것이다. 내가 사용한 스토리는 미래이력서라는 '글로 쓴 구체적인 비전'의 사례를 소개하는 데 그 목적이 있는 것이지 웃기는 데 있는 것이 아니다. 웃기는 부분이 조금 길었지만 어디까지나 잽, 애드리브였을 뿐이다. 반전이 있는 스토리의 예를 하나 더 들어보겠다.

어떤 사람이 어머니에게 앵무새 한 마리를 선물로 보냈습니다. 그리고 몇 주 후에 어머니에게 갔습니다.
"어머니, 제가 보낸 앵무새 귀엽지요?"
"그럼, 물론이지. 그렇게 맘에 드는 앵무새는 처음 봤단다."
"정말 그렇게 좋으셨어요?"
의아한 표정으로 묻는 아들에게 어머니가 웃으며 말했습니다.
"응, 사실 처음엔 앵무새가 너무 작고 힘줄 투성이라고 생각했어. 그런데 나중에 탕을 끓이니까 아주 근사했단다."
이 말에 그는 의자에서 일어나 펄쩍 뛰었습니다.
"오, 맙소사! 그럼, 그 앵무새로 탕을 끓이셨단 말씀이세요? 그 새는 7개 국 언어를 할 수 있다구요, 어머니!"
그러자 어머니가 되물었습니다.
"그럼 내가 냄비를 꺼내고 당근을 썰고 있는 모습을 보고서도, 왜 그 앵무새는 한 마디도 하지 않았지?"
오늘 저는 여러분께 '노인을 위한 선물'로서의 애완동물에 대해 말씀드리겠습니다.

_ 나탈리 로저스의 《토크파워》 중에서

사람들이 가장 해결하고 싶은 프레젠테이션의 문제점

한 포털 사이트에서 직장인 150명을 상대로 진행한 설문조사에 따르면, 자신의 프레젠테이션 능력에서 가장 부족한 점이 무엇이라고 생각하는지에 대해 다음과 같이 답했다고 한다.

1위. 핵심 사항을 임팩트 있게 전달하지 못하는 발표력의 문제(52.6퍼센트)

2위. 대중 앞에 서면 유독 긴장하는 심리적인 문제(43.0퍼센트)

3위. 어떤 데이터를 활용해야 할지 모르는 정보 활용 부족의 문제(28.9퍼센트)

4위. 프레지 및 PPT 등을 잘 다루지 못하는 기술적 문제(28.9퍼센트)

그만큼 프레젠테이션을 할 때, 어떻게 하면 청중을 집중시키고 자신의 핵심 메시지를 전달할 수 있는지가 가장 고민된다는 뜻이다. 자신의 프레젠테이션에 임팩트를 주기 위한 방법들을 더욱 연구해보자.

|03|.
핑퐁
주고받는 즐거움을 느끼게 한다

아무리 좋은 언변으로 참신한 정보와 아이디어를 제공한다고 해도, 아무리 감동적인 스토리텔링을 한다고 해도 혼자 떠들어서는 청중의 마음을 열 수 없다. 청중의 눈과 귀가 열렸다 해도 입이 열리지 않으면 마음은 열리지 않는다. 청중의 입을 열기 위해선 처음부터 끝까지 그들과 지속적인 상호작용을 이루어야 한다. 그리고 상호작용의 시작은 질문과 대답이다. 너무나 많은 사람들이 질문 던지기를 주저한다. 대답하지 않을까봐 두렵기 때문이다. 하지만 대답하지 않는 이유가 뭘까 생각해보면 대답하기 애매한 질문을 던지기 때문임을 알 수 있다. 대답할 수밖에 없는 질문, 대답하기 재미있는 질문을 던지면 누구나 다 입을 연다. 질문을 던질 뿐만 아니라, 앉아 있는 청중이 함께 몸을 움직이며 깔깔대고 쑥덕이고 손을 높이 들게 만드는 것도 아주 요긴한 방법이다. 이렇게 청중으로 하여금 다양한 액션을 취하게 하면 시간은 알차게 흐른다. 때론 두 시간을 이야기했는데도 이제 한 15분 지난 것 아니냐고 말할 정도다. 그러면 프레젠테이션은 성공이다.

질문 또 질문,
쉴 새 없이 핑하고 퐁한다

누군가 참신하고 감동적인 이야기를 들려주더라도 그 이야기를 혼자 떠들어대는 모습을 지켜보는 것만큼 썰렁하고 재미없는 것도 없다. 한 시간 내내 듣기만 해야 한다면 듣는 사람 입장에선 너무 지루하다. 뭔가 한마디 하고 싶어 입이 간질간질해진다. 그런데 강사는 계속 자기 할 말만 하고 좀처럼 기회를 주지 않는다. 이렇게 되면 청중은 물론 강사 자신도 에너지가 약화된다.

그래서 나는 강연할 때 앉아 있는 사람들에게 쉴 새 없이 말을 건다. 질문을 던지고 대답을 유도한다. 단, 너무 쉽고 분명해서 '틀리면 어쩌지?' 하는 걱정이 없는 질문만 던진다. 부담이 없기 때문에 누구나 다 대답한다. 특히 적극적인 청중은 한마디도 빼놓지 않고 다 대답한다. 그들이 나의 응원군이다. 실제 소리를 내지 않는 사람들도 마음속으로는 대답을 하기 시작한다.

나는 내가 '핑'하면 그들이 '퐁'하게 만든다. 그렇게 서너 번 핑퐁 핑퐁 하다 보면 나와 청중 사이의 거리감이 사라지고 강연장은 어느덧 웃음바다가 된다. 이럴 때 내 생각과 청중의 생각이 완전히 일치한다는 느낌이 일어난다. 나와 청중이 혼연일체가 되는 것이다. 그러면 나도 청중도 신바람이 난다. 그럴수록 나는 자신감을 얻고 여유가 생겨 더욱 확신에 찬 목소리를 낼 수 있다.

제가 한 가지만 여쭤보겠습니다.
제가 이것을 글로 썼어요? 안 썼어요?
(썼어요)
분명히 쓰긴 썼죠? 그럼 이게 뜬구름을 잡아요? 아니면 언제, 어디서, 무엇을, 언제까지, 몇 명에게…… 말하자면 이게 추상적이에요, 구체적이에요?
(구체적이요)
그럼 이것이 글로 쓴 구체적인 비전인 게 맞아요? 틀려요?
(맞아요)
그럼 저는 글로 쓴 구체적인 비전이 있어요? 없어요?
(있어요)
그럼 저는 이중 몇 퍼센트에 속해요?
(3퍼센트요)
그럼 여러분들은 이 비전 현수막을 만들기 위해 공장에 갔다 왔어요? 안 갔다 왔어요?

(안 갔다 왔어요)

그러니까 여러분들은 3퍼센트에 속해요? 안 속해요?

(안 속해요)

그럼 여러분도 3퍼센트에 속하려면 일단 어디를 갔다 오면 되지요?

(현수막 공장)

여러분은 학습 이해도가 상당히 높아요. 금방 잘 알아듣네요.

(웃음)

이렇게 앉아 있는 청중과 말을 주고받은 다음 나를 도와 현수막을 들고 서 있는 사람들에게도 말을 건다. 그들에게 자기소개를 시키기도 하고 간단한 질문에 답하게 하기도 한다. 그러고 나서 감사의 의미로 준비한 선물을 주며, 청중에게 이렇게 제안한다.

"서 있는 건 팔도 아프지만 창피하기도 한 것입니다. 여러분 이렇게 나와서 수고해주신 이분들께 감사의 힘찬 박수 부탁합니다."

그건 사실 나에게 박수를 보내달라는 의미다. 이때 또 다른 차원의 상호작용이 일어난다.

도로시 리즈(Dorothy Leeds)의 《질문의 7가지 힘》이라는 책에 적혀 있는 대로 질문은 생각을 자극한다. 질문하면 사람과 상황이 통제가 된다. 질문을 받으면 마음이 열린다. 특히 중요한 것은 질문에 대답을 하다 보면 질문하는 사람과 비슷한 생각을 품게 된다는 점이다. 그래서 청중에게 질문을 던지는 것이다. 그렇게 내가 하고 싶은 말을, 전달하고 싶은 핵심 메시지를 청중이 직접 입으로 말하게 하고야 만다. 그것이 내가 현장에서 터득한, 나만의 '설득의 기술'이다.

   내가 던지는 질문들은 거의 '예, 아니오'로 답할 수 있는 것들이다. 결코 "뭐죠?" "누굽니까?" "어디죠?" "어떻게 해야 됩니까?" "어떻게 생각하십니까?"라는 식으로 묻지 않는다. '예, 아니오'가 아니면 그들은 입을 다물어버린다. 만에 하나 잘못 대답했다간 망신당할 수 있다고 생각하기 때문이다. 그래서 대답하기 어려운 질문을 던지면 무겁고 괴로운 침묵이 흐른다. 결국 견디다 못한 강사가 직접 답을 말하지 않을 수 없다. 내가 묻고 내가 대답하는 식이 된다. 그러면 청중은 저 강사가 아직 초보로군, 왜 저런 사람을 불러 왔을까 하면서 '그래, 너 혼자 잘 놀아 봐라' 하며 마음을 닫고 만다. 박수를 받기는커녕 망하는 지름길이다.

참여,
청중으로 하여금 손짓하고 소리치며 들썩이게 한다

아무리 쉴 새 없이 질문을 던지고 활발한 대답을 하고 재미가 있다손 치더라도 한 시간이 넘도록 앉아 있다 보면 청중은 좀이 쑤신다. 뒷목이 뻣뻣하고 등과 어깨가 뻐근하다. 다리는 저리고 머리엔 쥐가 난다. 하다 못해 하품 한 번, 기지개 한 번이라도 하고 싶다. 뭔가 돌파구가 필요하다. 이쯤 되면 더 이상 강사의 말에 집중하지 않게 된다. 대답도 잘 안 한다. 지금까지 유지해온 생동감이 서서히 사라지고 강사는 강사대로 자기 할 말만 하고, 청중은 청중대로 졸거나 문자를 보내거나 옆 사람과 이야기를 한다. 심지어 통화를 하거나 다른 책을 꺼내 읽기 시작하는 것이다. 이른바 따로국밥, 강사 따로 청중 따로 노는, 최악의 사태가 벌어질 수 있다.

    나는 '따로국밥' 강연을 만들지 않기 위해 청중과 함께 움직일 수 있는 프로그램을 개발해 활용한다. 전원 다 일어서게 하는가 하면 눈을 감게도 하고 손가락을 움직이게도 하고, 옆 사람과 말을 하게도 하며 몇몇 사람들을 무대 위로 불러 세워 역할을 주기도 한다. 무대에 올라온 사람들에게는 질문을 던져 대답을 유도한다. 그렇게 상호작용을 시도하는 것이다.

이때 사람들은 적절한 틈을 타 스트레칭도 하고 팔다리도 움직여볼 수 있다. 그러나 강연자 입장에서 더 중요한 목표는 관심의 끈을 더욱 바짝 당기는 것이다. 그들이 내 요청에 따라 움직이는 순간 나는 청중의 지휘자가 되고 리더가 된다. 이렇게 함으로써 청중은 나의 말에 더욱 집중하고 프레젠테이션은 강사 따로 청중 따로인 따로국밥이 아니라 강사와 청중의 합작품이 되는 것이다. 더불어 이제까지 자던 사람도 깨우는 효과도 있다.

수년 전 유명한 한 대학에서 강연을 한 적이 있다. 큰 강당에 대학생들이 한 800명이 넘게 모였다. 강연이 시작되고, 한 시간쯤 지났을 무렵 나는 그곳에 모인 800명의 학생 전부를 일으켜 세운 후 눈을 감게 했다. 그리고 다음과 같이 말했다. "지금까지 제가 한 시간가량 비전에 대해 설명을 했는데, 내 강의를 듣고 보니 '아! 비전이라는 게 그런 거구나. 그러니까 사람에게는 비전이라는 게 있어야 돼. 여기까지는 알겠는데, 교수님! 교수님이 보여준 그런 것이 비전이라면 저는 벌써 그런 걸 가지고 있는 사람입니다. 이렇게 대답할 수 있는 사람은 그 자리에 그냥 서 있고 그렇지 않은 사람은 조용히 앉으세요."

그랬더니 그 800명 중에 600명이 앉아버렸고 200명만 그대로 서 있었다. 나는 계속 눈을 감고 있으라고 말하고는, 서 있는 200명 학생들에게 "지금 서 있는 여러분은 인생의 비전이 있습니다. 다시 말해 자기가 도착해야 할 삶의 최종 목표 지점, 그 파이널 데스티네이션(final destination)이 어디라는 것을 알고 있다는 말입니다. 그렇다면 자신이 그곳에 도착하는 시기가 2035년인지 2040년인지 아니면 2045년인지, 그것까지 알고 있는 사람은 계속 서 있고 그렇지 않는 사람은 앉으세요"라고 했다.

그랬더니 200명이 30명으로 확 줄었다. 남아 있는 30명을 보고 "지금까지 계속 서 있는 여러분은 그곳이 어딘지 알고, 그때가 언제인지 알고 있다는 말입니다. 그렇다면 이 내용을 어디에든 잘 적어둔 사람은 계속 서 있고, 그렇지 않은 사람은 앉으세요"라고 했다. 그러자 대부분 앉아버리고 단 세 명만 남았다. 800명이 순식간에 세 명으로 줄어든 것이다. 그때 나는 그들을 향해 이렇게 말했다.

"자, 이제 모두 눈을 뜨십시오. 과연 몇 명이 서 있습니까? 아, 단 세 명이군요. 서 있는 세 분을 무대로 초청합니다. 빨리 올라오십시오. 아주 특별한 선물이 기다리고 있습니다. …… 네, 감사합니다. 어서 오세요. 무슨 과 몇 학년인지 자기소개 좀 해주세요."
"네, 재료공학과 3학년, ○○○입니다."
"비전을 언제 어디에 적어두었습니까?"
"네, 군대에 있을 때 수첩에 적었습니다."
"뭐라고 적었나요?"

"'2022년이 되기 전에 케임브리지 공대에서 재료공학 학위를 받는다'라고 적었습니다."
"네, 훌륭합니다. 다음 학생……, 또 다음……. 자, 여러분, 장차 우리 대학을 이끌어갈 세 분의 비전 리더를 뜨거운 박수로 응원하고 격려해주십시오."

이렇게 일어섰다 앉았다 하는 과정 속에서 모두가 강연에 적극적으로 참여하여 무언가 역할을 하게 되고, 내면적으로는 비전 없는 자신의 모습을 되돌아보는 기회를 줄 수 있다. 또 800명 중 세 명이 남은 가시적인 결과를 보고 과연 비전 있는 사람이 너무나 없구나, 강사가 말하는 통계 숫자가 바로 이거로구나, 하는 생각까지 이끌어낼 수 있다.

특히, 청중은 마지막까지 남아 무대 위로 올라온 사람에 대해 궁금증과 호기심을 갖게 된다. 기업 특강이라면 "어, 저 남자 기술부 신입 사원이잖아? 반듯한 인상이더니 역시 뭔가 다른 데가 있어" 하거나 대학 특강이라면 "아, 저 여자애 사회학과 3학년이었구나. 그런데 오늘 머리 스타일이 다르네" 하면서 무대에서 일어나는 일에 한층 더 깊은 관심을 갖게 된다. 또한 무대에 선 사람들에게 한 사람씩 자기소개를 요청했을 때 "기술부 신입사원 아무개입니다" 하는 순간 기술부 직원 전체가 환호와 박수를 보낸다. 마찬가지로 "사회학과 3학년 아무개입니다"라고 하는 순간 사회학과 특히 3학년들이 신명이 난다.

이어서 내가 무대에 서 있는 모든 사람에게 싸인한 책을 한 권씩 선물로 준 뒤, "여러분, 비전 있는 이분들에게 힘찬 격려의 박수를 보냅시다"라고 하면 한차례 우레와 같은 박수 소리가 쏟아진다. 그렇게 나는 다시 한 번 청중에 대한 통제권을 확립하고 집중도를 정점으로 끌어올릴 수 있다.

프레젠테이션이나 설교, 연설, 강연, 주례사 등은 단순한 커뮤니케이션이 아니다. 고도의 기획이며 연출이다. 말하는 이와 듣는 이가 함께 만들어가는 일종의 오케스트라다. 나는 언제나 일방통행식의 메시지 전달을 넘어 핑퐁, 참여, 쌍방 작용을 통한 커뮤니케이션을 시도한다.

애드리브,
틈만 있으면 웃음 잽을 날린다

미국의 제38대 대통령 제럴드 포드(Gerald Ford)는 당선 당시 뚜렷한 캐릭터가 부각되지 않아 국민들 사이에서 큰 인기를 얻지는 못했다. 케네디 같은 명문가 출신도 아니고 뭔가 뚜렷한 업적을 올린 것도 없었기 때문에 별로 기대할 것 없는 대통령이라는 비판이 제기되었다. 선거에 이겨 놓고도 진 것이나 다름없이 패배적인 분위기가 계속 그를 괴롭혔다. 그런 그가 취임 연설 서두에 다음과 같이 말한 뒤 분위기가 반전됐다.

"나는 링컨이 아니라 포드일 뿐이다."

'포드'와 '링컨'은 사람 이름인 동시에 자동차 이름이기도 하다. 그는 상류층의 승용차 링컨에 대중적 승용차 포드를 빗대어 자기는 상류층보다는 대중의 대변자라는 사실을 강조했던 것이다. 그 절묘한 한마디로 웃음을 준 동시에 국민의 답답한 마음을 풀어주었다. 이로써 포드의 정치적 이미지는 쇄신됐고, 냉랭하던 여론은 일순간에 반전됐다.

나는 최소한 3분에 한 번씩은 청중의 입에서 깔깔, 킥킥, 흐흐, 호호 하는 소리가 터져 나오게 하려고 노력한다. 재미가 없는 프레젠테이션은 프레젠테이션이 아니다. 아무리 좋은 메시지를 전해도 웃음이 없으면 대부분의 청중은 졸 궁리를 한다. 특히 프레젠테이션을 의무적으로 들어야 하는 청중은 더욱 그렇다. 그래서 나는 때론 말장난으로, 때론 익살로, 혹은 연기를 해서라도 쉴 새 없이 웃음 잽을 날린다. 한 시간 내내 실컷 웃기만 해도 청중에겐 뭔가 강렬한 필(feel)이 꽂히게 하는 것이다.

그렇게 하기 위해 나는 희극 배우 찰리 채플린의 방법을 모방한다. 그는 자신의 연기를 담은 필름들을 보면서 자기가 어떤 표정으로 어떤 동작을 했을 때 사람들이 웃지 않았는지에 집중했다. 필름을 보다가 이렇게 하면 사람들이 반드시 웃을 거라고 생각한 대목에서 웃지 않는 사람이 있다는 사실을 발견하면 즉시 그 동작을 아주 세밀하게 쪼개어서 다시 관찰했다. 그래서 어느 대목의 생각이나 연기가 잘못된 것이었는지가 명쾌히 드러날 때까지 끈질기게 반복해서 들여다보았다. 그뿐만 아니라 자신이 전혀 기대하지 않았던 대목에서 웃는 사람들이 있었다는 사실을 발견했을 때도 그는 그들이 웃을 수밖에 없었던 이유를 끝까지 추적했다.

저희 집에는 키는 작고 얼굴은 동그란 50대 여인이 한 명 있습니다.

(웃음)

그런데 그 여인이 자신의 결심을 하루에 열다섯 번씩 썼다는 시사 만화 작가 스콧 애덤스의 이야기를 들더니 갑자기 전에 안 하던 행동을 하기 시작했습니다. 새로운 습관이 생긴 겁니다.
뭐냐 하면 어디 가서 자리를 잡고 앉았다, 그런데 거기 종이가 있다, 그러면 무조건 그 종이를 끌어당겨 마구 글을 써대는 것입니다.
너무나 열심히 쓰기에 뭘 그렇게 열심히 쓰는지 가서 슬쩍 들여다봤더니 이렇게 쓰더라고요.
(아주 심각한 표정과 단호한 어조로)
'나는 2010년 10월 1일 177동으로 이사 간다.'
(웃음)

나는 이 한마디로 그날의 분위기를 결정짓는다. 오늘 강연은 재미있겠구나 하는 기대감을 심어주며 청중과의 거리를 좁혀간다. 유명 베스트셀러 작가의 부인이라면 뭔가 고상하고 고차원적인 비전을 쓰겠지 하는 예상이 여지없이 빗나가고 별 볼일 없는 잠꼬대 같은 소리가 나오니, 폭소가 터질 수밖에 없는 것이다. 갑자기 터져 나온 "와하하하" 하는 웃음소리에 그때까지 딴 생각에 빠져 있던 사람들도 최소한 1분 정도는 나를 쳐다보게 된다. 강연이 진행되는 동안 나는 적어도 열 번의 웃음 잽을 날린다. 그러니 최소한 10분 정도는 모두가 나를 쳐다보았을 것이다.

지금까지 이야기한 몇 가지 방법, 이를테면 수직이륙, 특종기사, 싱글 키워드, 스토리텔링 등의 방법으로 청중의 주의를 끄는 데 성공했다고 해서 끝까지 그들이 앞에 나와 있는 사람의 말에 집중할 것이라고 생각하는 건 오산이다. 처음 주의를 끄는 것보다 주의를 계속 유지하는 것이 훨씬 더 어렵다. 산 넘어 산이다.

청중은 쉽게 마음이 흐트러진다. 그들의 머릿속에선 1분에도 최소한 세 가지 이상의 잡념이 명멸한다. 연속해서 웃음 잽을 작렬시키지 않으면 주의 집중시켜 이어가는 것은 불가능하다. 그렇게 되면 강연은 생동감을 잃게 된다.

주의를 끄는 많은 요소 중에서 '웃음'이 가장 강력한 수단이다. 웃음은 긴장감을 완화시키고 반대자의 마음을 풀어주기도 하며 요점을 기억하게 하는 촉진제 역할을 한다. 그러나 웃음 잽을 날리기 위해 시중의 농담과 우스갯소리를 수집하려 애쓸 필요는 없다. 자신의 이야기 속에 잠재해 있는 웃음의 요소를 찾아내서 자연스럽게 한마디 덧붙이는 식이 바람직하다.

또한 대상에 맞지 않는 개그를 할 바에야 차라리 안 하는 게 낫다. 예를 들어, 청중이 대부분 여성인데 야한 농담을 던진다든지, CEO들이 많이 모인 자리인데, CEO에 대한 사원들의 일반적인 뒷담화를 농담 삼아 얘기한다든지 하면 비호감의 이미지를 줄 수 있다.

엔터테인먼트,
즐길 거리를 제공한다

강연을 끝마친 어느 날 한 청중이 내게 와서 말했다.
"오늘 정말 행복했습니다."
그렇다. 프레젠테이션, 축사, 초청 특강 등은 즐겁고 행복해야 한다. 이는 수업이 아니고 엔터테인먼트다. 그러나 대부분의 청중은 이 시간을 따분하게 여길 수밖에 없다. 한 시간 내내 옆 사람과 이야기할 기회도 없고 전화도 못 걸고 움직이지도 못하고 자신의 집중력을 고스란히 바쳐야 하니 당연하다. 한 시간이 아니라 그보다 긴 시간의 강연이라면 넘치는 따분함을 어떻게 달랠까?
애드리브, 웃음 잽만으로 그들의 따분함을 달래주기에는 한계가 있다. 그래서 나는 청중에게 즐길 거리를 제공한다. 즐길 거리라고 해봤자 다 입으로 하는 것이지만, 그래도 몇 달 몇 년이 지나도 두고두고 이야깃거리가 될 만한 나름의 '거리'를 제공하고자 노력한다.

즐길 거리는 청중에게만 필요한 것이 아니다. 강사인 나 자신에게도 필요하다. 나도 긴장을 풀고 좀 더 친근하고 부드러운 분위기에서 그들과 대화를 이어가고 싶기 때문이다. 그들과 함께 즐기며 여유를 갖고 전체적인 진행 상황도 체크해야 한다.

나는 강연 때마다 반드시 강연자인 나와 청중이 서로 역할을 분담하여 무언의 신호를 교환하고, 리듬감 있게 즐거운 단어들을 주고받으면서, 함께 깔깔대고 손을 내젓고 하는 장면을 연출한다. 그렇게 즐기면서 자연스럽게 청중과 '한통속'이 되는 것이 강연을 일방통행이 아니라 쌍방 소통으로 발전시키는 수단이기도 하다. 그뿐만 아니라 강사, 청중, 주최 측 등 모든 관계자에게 강연의 성공을 확인시켜주는 역할도 한다.

오늘 여기 와서 이런 얘기를 들어보니, 어때요? 여기 이 자리에 잘 왔어요? 잘못 왔어요?

(잘 왔어요)

오늘 여기에 온 것은 매우 졸렬한 선택이었습니까? 매우 탁월한 선택이었습니까?

(탁월한 선택)

이 탁월한 선택을 하고 탁월한 장소에 와 있는 자신이, 싫어요? 좋아요?

(좋아요)

그럼 한번 따라하겠습니다, 난 내가 좋아!

(난 내가 좋아)

그럼, 이렇게 좋은 내가, 이렇게 탁월한 선택을 하는 내가, 꼴찌에요? 최고예요?

(최고)

내가 최고라면 다른 사람이 다 '짜장'이라 한다고 나도 '짜장'합니까? 난 '짬뽕'합니까?

(난 짬뽕)

네, 그럼 옆에 분을 한번 보세요. 그분의 입을 집중적으로 보세요. 그분의 입에서 지금 무슨 소리가 나왔느냐면 '나는 내가 좋다, 내가 최고다, 그리고 나는 짬뽕이다' 이렇게 말했거든요. 그 상태에서 한마디 인사를 건네겠습니다. 이렇게 말하세요. 형님도 짬뽕이시군요.

(형님도 짬뽕이시군요)

한 번 더 입을 집중적으로 보면서, '나는 형님 얼굴만 보면 비전이 생깁니다'.

(나는 형님 얼굴만 보면 비전이 생깁니다)

아, 저기 본부장님이 앉아 계시네요. 본부장님, 잠깐 무대 위로 올라와 주시겠습니까? 우리 함께 본부장님과 인사 한번 나누죠!

본부장님도 짬뽕이시군요.

(여러분도 짬뽕이시군요)

본부장님 얼굴만 보면 비전이 생깁니다.

(저도 여러분의 얼굴만 보면 비전이 생깁니다)

그래요. 다른 사람들은 어떻게 하는지 모르겠어요. 무슨 어학연수를 떠나는지, 뭔 회원 가입을 하는지, 무슨 투자나 투기를 하는지, 또 어떤 이상한 일을 하는지 모르고, 무슨 짜장면을 얼마나 먹는지 모르겠는데, 당신들은 당신들 맘대로 하라 이겁니다. 나는 오로지 내 성질대로 짬뽕! 오로지 글로 쓴 구체적인 비전! 이거 하나로 운명에 도전해보겠다. 이 길고 긴 문장을, 나만의 이 절박한 스토리를 세 글자로 줄이면, '난 짬뽕!'이 됩니다.

짬뽕이라는 단어는 우선 발음하는 자체가 즐겁다. 서민적인 메뉴라서 친근감이 있다. 얼큰해서 속풀이에도 제격이다. 그리고 광고의 영향으로 강한 개성을 상징하기도 한다. 그렇기 때문에 "난 짬뽕!"이라고 외치는 것만으로 스트레스가 해소된다. 약간 억지다 하는 느낌이 없진 않지만 나는 강의 때 사람들에게 곧잘 '짬뽕'을 외치게 한다.

옆에 앉은 사람이 자기보다 연상이면 연상인 대로, 동료나 친구면 친구인 대로, 연하면 더욱 '형님'이라고 부르는 순간 누구나 웃음을 참지 못한다. 게다가 "형님 얼굴만 보면 비전이 보입니다" 하는 순간엔 그야말로 폭소를 터뜨린다. 썰렁한 분위기가 일순간에 화기애애하고 부드러워진다. 모두가 깔깔대며 박장대소하고, 더 이상 거리감이 느껴지지 않는다. 주최 측 책임자인 본부장도 즐거워진다. 강사인 나도 재미있다. 그 장면 자체가 즐겁다. 그렇게 긴장이 이완되면 여유가 생겨, 나는 시간도 확인하고 다음 진행도 가늠할 수 있게 된다.

화면을 이용하여 복습 즉, 큰 소리로 따라 읽기를 하는 과정에서 자연스럽게 짬뽕이 '글로 쓴 구체적인 비전'으로 발전하여 한 번 더 그날의 키워드가 부각된다. 그뿐만 아니라 강연이 끝난 다음에도 청중은 서로 킥킥 웃으며 "형님 얼굴에 비전이 없네요, 짬뽕 드시러 갈래요?" 하기도 하고, 어떤 사람은 내가 강연장을 빠져나올 때 등 뒤에다 대고 "난 탕수육!" 하고 외치기도 한다. 아마 몇몇 사람은 그날 점심이나 저녁식사에 짬뽕을 주문하며 내가 전하고자 했던 메시지에 대해 다시 한 번 생각했을 것이다. 청중은 깔깔대며 스트레스를 풀고 강사인 나는 줄 것 다 준 좋은 강연을 한 셈이다.

04
대변인
청중의 가슴으로 말한다

사람들 앞에 홀로 서서 말을 해야 하는 사람이 가장 원하는 것은 바로 청중의 마음을 얻는 것이다. 그러기 위해선 그들의 마음을 알아야 한다. 그들의 고뇌와 기대치와 주장하는 바를 알아야 한다. 그러려면 무엇보다 먼저 청중이 되어보면 된다. 청중이 하는 일을 해보고, 그들이 대부분의 시간을 보내는 곳에 가보고, 그들의 어휘를 익히면 된다. 그리고 강연자가 그런 것을 숙지하고 있다는 사실을 청중이 알도록 해야 한다. 단, 나는 당신들의 일을 이미 다 파악했다는 거만한 자세는 금물이다. 청중보다 잘난 사람이 되기보다 못난 사람이 되는 것이 바람직하다. 많은 강사들이 자신을 위하여 말하는 경향이 있다. 그러나 좋은 강사는 청중을 위해 이야기한다. 청중이 하고 싶어하는 말을 그들이 즐겨 쓰는 말로 말함으로써 가슴 뿌듯한 자긍심을 심어주는 것이 관건이다. 청중과 한통속이 되어 그들의 편에서 한목소리로 그날의 주제를 다루고, 결과적으로 강사가 의도한 핵심 메시지가 청중의 귀에 살아남도록 만드는 것, 그것이 이상적인 프레젠테이션이다.

바보 되기,
청중보다 못난 사람이 된다

나는 스스로 바보가 된다. 청중보다 잘난 사람이 되지 않고 못난 사람이 된다. 강사는 연단에 서 있다는 사실 자체로 이미 청중보다 잘난 사람으로 받아들여져 있다. 그것으로 충분하다. 그런데도 거기서 또 잘난 척을 하면 청중은 역겨워한다.

때때로 나는 나뿐만 아니라 아내와 자녀들을 바보로 만들기도 한다. 스스로 바보, 미친놈, 술꾼, 음치, 하여간 이런 덜 떨어진 인간이 없는 듯 보이기를 주저하지 않는다. 그러면 청중은 박장대소하며 나에게로 다가온다. 바보 되기는 청중을 내 편으로 잡아당기는 자석이다. MT 가는 학생들의 슬로건 중 내 생각을 대변해주는 인상적인 한마디를 본 적이 있다. '쪽팔림은 순간이고 추억은 영원하다!'

언젠가 부산에서 비교적 큰 규모의 강연을 했다. 커다란 체육관에

수천 명의 청중이 모였다. 소개가 끝나고 사회자가 "강사님을 박수로 맞이합시다"라고 외치는 순간 나는 천천히 자리에서 일어나 단상을 향해 걸었다. 단상으로 향하는 계단을 오르며 앞에 설치된 대형 스크린을 쳐다보았다.

아뿔싸! 이게 웬 일인가? 미리 준비한 자료 화면이 스크린에 나와 있어야 하는데 아무것도 없었다. 큰일이었다. 나는 일부러 발걸음을 늦췄다. 연단에 도착해 들고 올라간 자료를 놓을 때도 시간을 끌었다. 마이크를 툭툭 건드려보기도 했다. 이젠 됐겠지 하고 뒤를 힐끔 돌아봤지만 여전히 화면은 백색이었다. 낭패다. 온몸의 피가 얼굴로 다 쏠리는 느낌이었다. 강연 30분 전에 점검해봤을 때만 해도 이상이 없었는데 이게 웬일인가?

그렇다고 "여러분, 죄송합니다. 화면이 준비되지 않았네요. 죄송하지만 잠시만 기다려 주십시오"라고 말할 수는 없다. 그랬다간 '과연 저 사람이 첫 한마디를 뭐라고 할 것인가?' 하며 잔뜩 기대하고 있는 그 많은 사람들을 실망시키고 만다. 청중은 무슨 문제가 있는지도 모르는 상태다. 그래서 더 낭패였다. 몇 초 동안 말없이 뒤를 돌아보다가 이젠 끝이로구나 하는 생각이 드는 순간, 나는 오히려 회심의 미소를 지을 수 있었다.

화면이 준비가 되어서가 아니다. 그 상황을 어떻게 돌파할 것인지 아이디어가 떠올랐기 때문이다. 나는 마이크를 뽑아들고 노래방에서나 어울릴 만한 포즈를 취했다. 그리고 아무 말도 없이 노래를 부르기 시작했다. "두둥실 두리둥실 배 떠나간다. 물 맑은 봄 바다에 배 떠나간다. 이 배는 달 맞으러 강릉 가는 배……."

그러자 처음엔 어리둥절해 하던 사람들이 손뼉으로 박자를 맞추기 시작했다. 누군가 휘파람을 불기도 했다. 그러나 나는 '강릉 가는 배'에서 멈췄다. 그러고는 큰 소리로 청중에게 말을 걸었다.

"여러분, 제가 노래를 잘합니까, 못합니까?"

"잘합니다."

"정말 잘합니까?"

"네."

"그럼 오늘 여러분이 제 강의를 끝까지 열심히 들어주신다면 끝나고 정식으로 멋진 노래를 한 곡 불러드리겠습니다."

그러자 "와!" 하는 함성과 함께 박수가 터졌다. 박수 소리가 진정되기를 기다려 나는 한마디를 더 했다.

"그러나 오늘 여러분이 강의를 열심히 들어주지 않으신다면 끝나고 노래를 두 곡 부르겠습니다."

그러자 폭소가 터졌다. 사실 난 타고난 음치이다. 청중의 웃음소리를 들으며 화면을 돌아보니 다행히 준비했던 자료가 떠 있었다. 그날의 강연은 성공이었다. 이미 음치 바보의 모습으로 벽을 허물고 그들에게 다가갔기 때문이리라.

막내딸이 고등학교 1학년 때였습니다. 여름방학 바로 다음 날 식구들과 둘러앉아 아침식사를 하다가 그 아이에게 제가 물었습니다.

"막내, 너 방학했어?"

"어…… 방학을 하긴 했는데 MT도 가야 되고 친구들과 약속도 많아 바빠요. 왜 그러시는데요?"
"아빠가 지금 전국을 다 돌아다니면서 비전을 강의하고 있는데, 이 아빠의 딸답게 여름방학의 비전을 좀 적어와 봐라. 지금 당장!"
아, 그랬더니 이 녀석이 적어오긴 했는데, 어떻게 적어왔느냐면요.

국 2
수 2
- - - -
영 3
- - - -
합 7

이렇게 적어온 것입니다. 국어 두 시간, 수학 두 시간, 영어 세 시간 공부하겠다는 거죠. 그런 건 다 알겠는데 수학과 영어 사이에 굵은 줄은 왜 그어났지 물었더니, 글쎄 그 줄이 점심 먹고를 의미한다는 것이었습니다. 저는 '점심 먹고'라는 말을 듣는 순간 아뿔싸! 뭔가 불길한 예감이 머리를 스쳐 갔습니다. 아니나 다를까. 그 녀석이 고등학교를 졸업하고 나서 대학교 1학년이 되는 제 친구들과 달리 저만 홀로 고등학교 4학년으로 올라가는 겁니다.

막내딸이 계획도 세울 줄 모르고 대학도 못 들어가 고4가 되었다는 말로 나는 딸을 바보로 만들고, 비전을 적으라고 하니까 "나는 177동으로 이사 간다"를 열심히 쓰더라는 일화로 아내를 바보로 만든다. 또한 허구한 날 고스톱이나 했다는 내 이야기를 털어놓으며 나 자신을 바보로 만든다.

자신을 바보, 웃음거리로 만들면 청중 앞에 놓인 벽이 허물어지고 친밀한 관계가 형성된다. 마치 대중탕에 들어가서 목욕을 같이 하고 나면 급격히 친해지는 것과 같은 이치다. 스스로 바보 되기의 중요한 이점은 청중에게 강사가 자신을, 그리고 인생을 어느 정도 관조하고 있다는 암시를 준다는 것이다. 인생을 관조할 줄 아는 사람에게만 있는 여유를 보여줄 수 있다. 그런 여유가 청중에게 안도감과 신뢰감을 심어준다.

제가 딸이 하나 더 있지 않습니까. 바로 그 녀석의 언니인데, 그 애에게도 똑같이 고1 때 적어오라고 하자, 어떻게 적어왔느냐, 이렇게 적어왔습니다.

가정법
교과서 17과 5개 기본 문장
XX기초영어 20과 5개 기본 문장
- -
10개 문장 암기
XX문제집 19, 21과
XX독해력 24, 25과

여러분! 이런 스타일로 적어오는 아이라면 시간이나 때우겠다는 겁니까. 아니면 뭔가 해보겠다는 겁니까? 때우겠다, 해보겠다?

(해보겠다)

그럼 얘가 학교에서 잘나가요? 못 나가요?

(잘나가요)

네, 잘나갔습니다. 초장에는 엄청나게 잘나갔는데, 아 이 녀석이 고1 6월 쯤부터 자꾸만 허리가 아프다는 겁니다. 그래서 병원에 갔더니 허리 디스크라지 뭡니까. 그래서 그 이튿날부터 여섯 달을 학교에 못 갔어요. 그 후 학교에 나가 시험을 보니 전부 빵점을 맞더라고요. 여러분 6개월을 연속 빵점을 맞으면 성적이 빵빵합니까? 안 빵빵합니까?

(빵빵합니다)

그러다 11월 말에 허리가 웬만큼 나아서 학교엘 갔더니 아 글쎄 학년 석차가 400명 중에 400등, 전교 꼴찌가 되어 있더라고요. 여러분 중에 학교 다닐 때 전교 꼴찌 해보신 분, 손 들어보세요! 어! 한 명도 없네! 여긴 다 우수반만 모였습니까?

초보 스피커일수록 완벽한 모습을 보이려 애쓰며 손톱만 한 결점도 드러내지 않으려 안간힘을 쓴다. 하지만 그런 모습이 오히려 청중에게는 불안감을 주고 별 볼일 없는 강사라는 느낌을 줄 뿐이다. 정말 걱정스러운 강사다.

나는 바보 만들기의 주인공을 나 자신과 아내, 자녀들로만 한정한다. 친구나 종교·정치 집단을 끌어들이거나 또는 신체 특징 등은 거론하지 않는다. 그랬다간 청중에게 미움, 아니 적대감을 사기 십상이다.

또한 부모나 선배 또는 스승을 바보 만들었다간 의리 없고 예의 없는 사람으로 낙인 찍혀 청중의 반발을 사게 된다.

바보 만들기를 너무 자주 너무 많이 써먹는 것은 바람직하지 않다. 이 이야기를 장시간 늘어놓아서도 안 된다. 그러면 진짜 바보가 된다. 바보 만들기의 목적은 청중을 즐겁게 하자는 것이지 불편하게 하자는 것이 아니기 때문이다.

 강사들의 오해

여러 해 동안 오페라를 공부한 한 남자가 마침내 밀라노에 있는 라스칼라 오페라하우스에서 초청 공연을 하게 되었다. 첫 순서로 그는 오페라 팔리아치에 나오는 아름다운 아리아 'Vesti la giubba(의상을 입어라)'를 불렀다. 노래가 끝나자 우레와 같은 박수가 터져 나왔고 그는 앙코르곡을 부르지 않으면 안 되었다. 두 번째 노래 뒤에도 또 앙코르를 받아야 했고, 또 그 이후에도 여섯 번을 더 불러야 했다. 마침내 그는 청중에게 조용히 해달라는 손짓을 한 뒤에 말했다. "벌써 'Vesti la giubba'를 아홉 번이나 불렀습니다. 목소리가 완전히 가 버렸어요. 더는 부를 수가 없습니다." 그러자 2층 객석에서 청중 한 사람이 소리를 질렀다. "제대로 부를 때까지 계속하란 말이야!"

_ 말콤 쿠쉬너의 《프레젠테이션!-최상의 성공전략》 중에서

아부,
가슴 벅찬 자긍심을 심어준다

여기에 온다고 토요일 아침을 포기한 여러분은 전형적인 교사 집단과는 다르다고 생각합니다. 여러 연구를 검토해보면, 교수 능력을 향상시키고자 교사 연수에 자발적으로 참여하는 교사는 아주 우수한 교사임을 보여주지요. 여러분 주위를 돌아보세요. 이 연수가 절대적으로 필요한 사람들은 오히려 오늘 이 자리에 없습니다. 그렇지요? A급 교사는 A⁺교사가 되기 위해 좀 더 많은 것을 배우려 합니다. 자, 오늘 오지 않은 C⁻급 교사들에게 다가서기 위해 필요한 방법을 우리 함께 찾아봅시다.

_조 스프래그, 더글러스 스튜어트의 《발표와 연설의 핵심 기법》 중에서

어떤 교사 세미나에서 있었던 강연의 서두다. 이 이야기를 듣고 참석자들은 모두 그날 오기를 잘했다고 여기며 뿌듯한 자긍심을 안고 그날의 세미나에 임하지 않았을까 싶다.

대학가에 학점을 잘 받기 위해선 공부보다 아부가 중요하다는 가설이 있다. 귀에 딱지가 앉을 정도로 들어온 '칭찬은 고래도 춤추게 한다'는 말도 있지 않은가? 누구나 칭찬받기 좋아하고 인정받기 원한다. 청중도 마찬가지다. 강사가 청중을 무시하면 청중도 강사를 무시한다. 강사가 청중을 존중하면 청중도 강사를 존중하고, 강사가 청중을 좋아하면 청중도 강사를 좋아한다. 절대로 청중을 야단치는 방식으로 강연해서는 안 된다.

누가 싫어하는 사람의 말을 귀담아 들으려 하겠는가? 그래서 나는 기회만 있으면 청중에게 아부를 하며 호감을 표시한다. 때론 너무 서툴러서 탈이지만 그래도 열심히 한다. 서툰 아부는 용서된다. 그러나 터무니없는 아부는 역효과를 낼 수도 있다.

칭찬도 그렇지만 아부에도 근거가 있어야 하고 아주 구체적이며 명쾌한 논리가 담겨야 한다. 근거와 논리가 석연치 않으면 청중은 오히려 무시당하고 있다고 느낄 수 있다. 사실, 비난보다 아부가 더 어려운 것이다. 아부는 아무나 할 수 있는 것이 아닐지 모른다.

우리나라에는 공부 잘하는 사람은 많습니다. 지속적인 경제 발전을 해왔기 때문에 자본이 넉넉한 사람도 많습니다. 예로부터 문화 수준이 높았기 때문에 아주 탁월한 음악성, 뛰어난 미술적 감각, 아니면 문필가적인 기질을 가지고 태어난 천재도 무진장 많습니다.

그러나 비전을 가진 사람은 그다지 많지 않습니다. 우리나라에는 800명 중에 세 명밖에 비전을 갖고 있지 않습니다. 그런데 미국엔 100명 중에 세 명이 있다는 거 아닙니까? 3퍼센트, 그게 글로벌스탠더드라고 본다면, 우리나라 대학생이 800명 모여 앉으면 그중에 3퍼센트, 즉 스물네 명은 있어야 했는데 실제로 따져보니 몇 명 남았나요?

(세 명)

세 명밖에 없잖아요. 스물네 명이 아니라 세 명밖에 없으니 몇 명이 모자라는 거예요?

(스물한 명)

스물한 명이 모자라잖아요? 이 스물한 명 어디 갔습니까? 어디 가서 찾아와야 합니까? 이 스물한 개의 비어 있는 자리를, 스물한 개의 비어 있는 리더의 몫을 누가 감당해야 합니까? 제가 감히 단언하건대 지금 여기서 글로 쓴 구체적인 비전의 소유자가 되기로 결심하신 분들이 감당할 수 있습니다. 그럼 다시 한 번 묻겠습니다. 확실히 대답해주세요. 누가 감당해야 되지요?

(어물어물)

두 글자로 확실하게, 끝에 '가' 자로 끝나게, 누가?

(내가)

누가?

(내가!)

그들이 "내가"를 외치는 순간 자신이 3퍼센트의 리더 집단, 아니 800분의 3에 속하는 리더가 되었다는 생각이 들 것이다. 나는 그들이 학창 시절 공부를 잘하지 않았을지라도, 탁월한 두뇌의 소유자가 아닐지라도, 넉넉한 자본이 없을지라도 비전이 있기 때문에, 이 시대 이 나라를 책임지는 사람, 이 시대 이 나라를 대표하는 사람, 이 시대 이 나라를 실제로 이끌어가는 사람이라고 격려하면서 아부를 한 것이다. 그들 중 대부분은 아직 비전을 글로 적어본 적이 없지만 반드시 한번 적어보리라 다짐할 것으로 나는 믿는다.

미인이라고 말하는데 화내는 여성이 있을까? 유능하다고 칭찬하는데 싫다는 회사원이 있을까? 이렇게 긍정적인 말을 싫어하는 사람은 없다. 사실, 청중은 바보가 아니어서 내가 일부러 자신들의 비위를 맞추고 있다는 것을 잘 안다. 그래도 그들은 내 말에 기분 좋아한다. 나를 좋아하고 내 편이 된다. 인간이기 때문에.

그때부터 청중은 내가 하는 말이 비록 어색하고, 허점이 뻔히 보이더라도 무조건 옳다며 동조해준다. 나를 도와주려 애쓰기 시작하는 것이다. 질문하면 대답해주고, 손을 들라고 하면 들어주고, 박수를 치라고 하면 쳐준다. 아부는 청중이 내 편으로 건너오는 아주 편안한 다리 역할을 한다.

스며들기,
청중과 한통속이 되어
그들의 말을 대신한다

강연가 레스 브라운(Les brown)이 지적한 것처럼 강사가 아무리 최선을 다해도 듣는 사람들의 얼굴에는 다음과 같이 씌어 있다.

'그게 나와 무슨 상관이지?'

'나한테 그 얘길 왜 하지?'

'그렇게 되면 내가 먹고사는 게 어떻게 달라지는데? 직업상으로 변화가 생기나? 정신적으로 뭐가 달라지냐고?'

그래서 나는 늘 청중의 마음을 헤아리려 노력한다. 그들과 같은 입장에 서서, 같은 심정이 된다. 그들과 한통속이 되어 동류의식을 나누는 데 주력한다. 그래서 그들이 하고 싶은 말을 대신 해주는 것이다. 마치 그들과 섞여 앉아서 함께 키득거리고 낄낄대고 있는 것처럼 말한다. 그들이 사용하는 단어를 사용하려 노력하고 그들만의 문화에 호기심을 나타낸다. 어휘는 한 집단의 문화를 드러내기 때문에 같은 어휘를 사용한다면 통하는 게 많아진다.

어떤 야구선수가 아내에게 아기 기저귀를 어떻게 가냐고 물었다. 아내가 대답했다.

기저귀를 다이아몬드 형태로 펼쳐 놓고 세컨드 베이스를 홈 플레이트에 올려놓아요. 그리고 아기 엉덩이를 그 밑으로 밀어 넣어요.

같은 어휘를 사용하는 아내 덕에 그는 틀림없이 야구선수 겸 기저귀를 잘 가는 선수도 됐으리라.

청중과 강사 사이에 이질감이 있으면 청중은 강사의 견해를 받아들이기보다 그에 맞서 기존의 견해를 지키려 한다. 변화를 촉구하는 목소리를 높일수록 더욱 완강하게 기존의 견해를 고수하려 든다. 부메랑 효과다. 바로 이런 이유 때문에 강사는 자신의 입장이나 가치 또는 목적이 청중과 일치하며 그들과 동류라는 점을 보여주어야 한다. 그들의 심정을 이해하고 그들의 주장을 대변하는 것 같은 느낌을 전달해야 한다.

그런데 제가 여기까지 말씀 드리는 동안에도 여러분 중에는 "그래, 당신 잘났어. 당신은 이미 교수라는 기득권, 특권층 위치에 있으면서 목표 몇 줄 써놓고 한 10년 집중하니까 그럴 수도 있겠지. 그렇지만 나는 다르잖아. 소도 언덕이 있어야 비빈다고 어디 기댈 데가 있나, 밀어주는 집단이 있나, 가방끈도 짧고, 뭐 하나 해당이 안 되잖아. 비전, 그건 당신 얘기일 뿐, 나하곤 아무 상관이 없는 얘기야……" 하고 생각하는 분이 있을지도 모릅니다.

그런 생각이 드는 건 아주 자연스러운 일입니다. 다들 약간씩은 그런 생각을 했을 겁니다. 그런 분들을 위해서 말씀드리는데, 전 그런 기득권과는 정말 아무 상관이 없는 사람입니다. 우선 저는 대학을 나오긴 했지만 한국을 대표한다는 뭐 그런 대학을 나오지 않았습니다.

그럼 제가 젊어서 무슨 변호사나 회계사 같은 국가공인 자격증을 따 실력을 인정받고 기득권 동네로 진입한 적이 있는가? 전 그런 경험은 전혀 없습니다. 지금까지 살면서 제가 받은 유일한 국가 자격증은 2종 보통 운전면허, 그것도 삼수 끝에 붙은 거, 그것뿐입니다.

그렇다고 제가 무슨 외국 유학을 가서 박사 학위를 받아왔느냐? 전혀 그런 것도 없습니다. 물론 저도 미국 다섯 개 대학을 나왔지만요. 어떻게 나왔느냐? 다섯 개 대학에 사진 찍으러 들어갔는데 가이드가 버스 떠난다고 빨리 나오라고 해서, 그냥 빨리 나왔습니다.

저는 부잣집 아들도 아닙니다. 고3 때는 집이 철거된 적도 있습니다. 우수한 사람도 운이 좋은 사람도 아닙니다. 그냥 보통, 중간에서 앞서거니 뒤서거니 하는, 길가는 수많은 갑을병정 중 한 사람입니다. 그런데 왜 여기 와서 이렇게 강의를 하고 있느냐? 네, 제겐 약 15년 전에 글로 쓴 구체적인 비전이 있었기 때문입니다.

나는 강연 때면 늘 청중의 마음과 입장을 알고 있다는 것을 강조한다. 서로 온정을 느낄 수 있고 파장이 같다는 느낌을 주는 데 힘쓴다. 강연을 듣는 것에 대한 청중의 우려, 불안감을 씻어주려 한다. 그들은 혹시 내 얘기가 재미없으면 어쩌나, 너무 골치 아픈 소리나 듣게 되지는 않을까, 저만 잘났다고 혼자 떠들어대면 따분해서 어떻게 견디지, 하는 불안감을 가지고 자리에 앉아 있기 때문이다.

"그래, 당신 잘났어. 당신은 이미 교수라는 기득권, 특권층 위치에 있으면서 목표 몇 줄 써놓고 한 10년 집중하니까 그럴 수도 있겠지. 그렇지만 나는 다르잖아……"라고 말하는 부분이나 "그런데 제가 이런 말을 이렇게 시작하면 사람들이 다 그러더라고요, 아이고 선생, 지금 그걸 강의라고 하슈?"라고 말하는 부분은 청중이 마음속에 품고는 있지만 차마 내뱉지 못하고 있는 한마디일 수 있다. 그것을 내가 나서서 대변해주려 노력한 것이다.

청중의 불안감을 없애기 위해서 적절한 기회를 잡아 나의 사적인 부분을 밝힌다. 어떤 학교를 다녔으며, 어떤 환경에서 자랐으며, 어떤 위치에서 어떤 일을 해왔는지에 대해 진솔하게 나의 모든 것을 말한다. 그래서 청중이 강사와 자신이 크게 다를 것이 없다는 걸 알도록 만든다. 아예 대놓고 "우수한 사람도 운이 좋은 사람도 아닙니다. 그냥 보통, 중간에서 앞서거니 뒤서거니 하는, 길가는 수많은 갑을병정 중 한 사람입니다" 하고 말한다.

그렇게 함으로써 청중에게 "아, 무턱대고 강의만 하려는 사람은 아니구나. 설득력이 있구나. 한번 들어볼 필요가 있겠는데" 하는 생각이 들게 만든다. 이렇게만 되면 나는 돈을 벌기 위해 온 사람이 아니라 함께 고민하며 해답을 찾는 사람으로 다가갈 수 있다. 내가 그들 속으로 들어감으로써 그들도 내 안으로 들어온 것이다.

짐 루카제프스키라고 하는 경영상담가는 일단 강연 의뢰를 받으면 주최자에게 청중으로 참석할 사람 가운데 열 명의 명단을 보내줄 것을 요청한다. 그리고 그 열 명에게 강사로부터 전화가 올 것이라고 알려주도록 부탁한다. 그런 다음 실제로 열 명에게 일일이 전화를 걸어 자기는 누구라는 것을 말하고 강연 내용을 간략하게 설명한 뒤 그들에게 세 가지 질문을 한다. 즉, 이 프레젠테이션의 어떤 점이 당신에게 중요한가? 당신이 프레젠테이션 주제의 결정권자라면 어떤 주제로 프레젠테이션을 시키겠는가? 많은 사람을 대신해서 강사로부터 답변을 들었으면 하는 질문은 어떤 것인가?

그는 한걸음 더 나아가 직접 현장에 뛰어들기도 한다. 규모가 큰 쓰레기 처리 회사의 경영진을 상대로 할 강연을 앞두고 3일 동안 청소차에서 수거원으로 일을 한 적도 있다. 청중의 심정을 알기 위해서다. 그 회사 경영진 전원이 쓰레기 수거원 출신이기 때문이다. 그는 강연에서 첫마디에 자신이 지난 3일 동안 수거원으로 일했다는 사실을 말하며 청중과 한통속이 되었다. 그날 청중은 그의 모든 말을 곧이곧대로 받아들였다고 한다.

또, 청중의 심정을 알고 청중이 하고 싶은 말을 대신 할 줄 아는 대표적인 사람으로 로널드 레이건(Ronald Reagan) 대통령을 들 수 있다. 그는 언젠가 점심 식사 직전 연설을 한 적이 있었다. 그의 연설은 다음과 같이 끝났다고 한다.

감사합니다. 하나님의 은총이 함께 하시길 빕니다. 자, 이제 여러분이 내게서 듣기를 기다려온 말을 하겠습니다. 자, 듭시다!

|05|
결행

무언가를 시작하거나 그만두게 한다

프레젠테이션을 두 가지로 분류할 수 있다. 첫째는 멋진 프레젠테이션이다. 충실한 자료와 유창한 말솜씨에 더하여 온갖 현란한 기법이 동원되어 진행되는 도중에도 박수가 터지고 마지막에 기립박수로 끝나는 경우다. 둘째는 착한 프레젠테이션이다. 자료는 신통찮아 보일 수도 있고 말도 별로 매끄럽지 못한데 이상하게도 끝난 바로 그 순간부터 청중이 무언가를 시작하거나 그만두게 되는 경우다. 물론 양수겸장이면 더할 나위 없겠지만 그중 하나를 택해야 한다면 어느 쪽을 택할까? 나라면 후자를 택한다. 프레젠테이션은 청중이 무언가 선택하고 결행하게 만드는 데 목적이 있기 때문이다. 청중이 결단을 내리게 만들려면 먼저 영혼이 전율할 정도의 감동을 주어야 하며 그 감동은 확실한 증거에 바탕을 두어야 한다. 그리고 그 증거의 바탕은 강사 자신이 되어야 한다. 즉, 적어도 그날의 주제와 관련해서 강사가 역할 모델이 되어야 한다는 말이다. 예를 들어 비전 프로그램에 대해 이야기해야 한다면 직접 비전을 세워보았다든지, 효과를 경험해보았다든지 스스로 증거가 되어야 한다. 그래서 다른 것은 몰라도 강사를 믿고 청중이 결행하게 만드는 것, 그것이 착한 프레젠테이션의 성공이다.

증거,
스스로 가능성의 모델이 된다

모든 프레젠테이션의 이상적인 모습은 청중이 앞에 나와 말하는 사람의 주장이나 제안을 가감 없이 받아들이는 것이다. 그러나 현실에서 청중은 주장이나 제안을 받아들이기에 앞서 말하는 사람을 먼저 평가한다. 앞에서 떠드는 사람이 마음으로 받아들여져야 그의 주장이나 제안을 받아들일 수 있다. 아무리 좋은 내용을 말해도 사람이 미덥지 않으면 그 가치를 평가절하하고 수용 여부의 결정을 미룬다.

강사는 청중에게 마음을 열고 나를 믿고 새로운 선택과 결정을 하라고 소리 높이기 전에, 자신의 마음을 먼저 열어 보여주어야 한다. 즉, 자기 삶의 모습을 보여야 한다. 그 삶이 강연에서 주장하는 핵심 메시지 그대로의 삶이어야 하고, 그렇게 살아본 결과를 증언함으로써 스스로 산 증거가 되어야 한다. "Walk the Talk, 네가 말하는 그대로의 행보를 보여주어라"는 말이 있듯이 청중은 강사의 행보를 직접 눈으로 보아야

만 강사를 받아들이고 따라서 강사의 주장도 받아들인다.

강사는 자신의 삶 이야기를 꾸밈없이 자연스럽게 그리고 아주 인상적으로 들려주되, 긴 세월 살아온 이런저런 이야기를 늘어놓아선 안 된다. 그날의 메시지와 직접 관련이 있는 하나의 사건, 한두 개 장면을 자세히 극적으로 묘사하는 것이 효과적이다. 흔히 이야기하는 고향은 어디고 부모님은 어떤 분이고 하는 이야기를 듣기 위해 시간을 내는 사람은 없다.

여기서 중요한 한 가지가 더 있다. 청중은 '나'라는 말보다는 '여러분'이라는 말을 더 좋아한다. 그래서 자신의 이야기를 하되 이를 교묘히 청중의 이야기인 것처럼 '여러분'이라는 단어를 계속 사용해야 들어준다. 나는 내 이야기를 하면서도 넣을 수 있는 모든 곳에 '여러분'이라는 단어를 넣기 위해 노력한다. 어떤 강연 전문가는 '나'라는 말을 한 번 할 때마다 '여러분'이라는 말을 세 번 이상 말해야 한다고 주장하기도 한다.

제가 이렇게 저렇게 보여드려도 여러분은 피부로 못 느끼고 계실 겁니다. 그래서 실제로 그 과정을 말씀드려볼까 합니다. 조금 전에 보여드렸습니다만, 저는 그 '사명 선언문'에다가 비전·리더십에 관한 세계적인 책을 만들고 100개의 비전스쿨을 만들겠다고 적었습니다. 그리고 그걸 날마다 큰 소리로 열 번씩 읽었습니다. 그리고 제일 처음에 '수원 비전스쿨'이라는 것을 하나 만들었습니다.

비전스쿨은 여러분이 알고 계신 그런 학교가 아닙니다. 수원, 우리 동네에 있는 조그만 사랑방에 토요일마다 근처 중고생들을 한 스무 명 모아

놓고, 함께 비전에 관한 동영상이나 만화도 보고 한 두어 시간 이야기하다 슬슬 배가 고파지면 다 같이 짜장면 먹으러 가는 곳입니다. 짜장면을 먹으니 출석률은 100퍼센트지만 학생들은 그곳에 뭘 배우러 오는 것이 아니라 먹으러 왔습니다. 그런데 먹는 것도 한 10년 동안 같이 하다 보니 말이 통하기 시작했습니다. 그래서 소문이 났습니다. 거기 가면 말도 통하고 고소한 짜장면도 먹을 수 있다고. 그래서 학생들이 많이 몰려오는 겁니다.

이렇게 소문이 나니 신문기자들이 와 사진을 찍고 우리 집에 전화도 자주 해 제가 바빠졌습니다. 그러던 중 어떤 라디오 방송국에서 요청해서 새벽마다 가 원고를 읽었습니다. 그렇게 새벽 생방송을 한 5년 계속하며 이야기한 걸 모아 여러분도 아시는 《아들아 머뭇거리기에는 인생이 너무 짧다》라는 책도 냈습니다. 예상치도 못했는데 이 책이 100만 권이 넘게 읽혀졌고 중국어로, 영어로, 아랍어로 여기저기서 번역되어 나왔습니다.

여러분! 책 한 권이 밀리언을 넘어서, 여기저기서 외국어로 번역되고 그야말로 한국이라는 범위를 훨씬 넘어선 책이 된 것입니다. 이를 계기로 여러 TV에서 특강도 하게 되었고 상하이, 이스탄불, LA, 뉴욕, 자카르타, 그리고 아프리카 튀니지까지 초청을 받아 가게 되었습니다.

여러분! 세계적인 책을 만들겠다는 허황되어 보이던 제 꿈이 지금은 비슷하게 다가왔습니까, 안 왔습니까? 꿈이 현실이 됐습니까? 안 됐습니까? 무엇이 그 엄청난 꿈을 현실로 이루어지게 하는 출발점이었습니까? 현수막에 새긴 비전, 글로 쓴 비전이 그것이었습니다.

네에, 여러분, 다시 한 번 큰 소리로 외쳐보겠습니다.

"글로 쓴 구체적인 비전!"
네, 이 '글로 쓴 구체적인 비전'이야말로 꿈을 현실로 이루는 아주 특별한 노하우인 것입니다. 꿈을 현실로 이루는 모든 사람들에게는 이 노하우가 있었습니다. 그들의 코드는 바로 이겁니다. 원하는 것을 글로 쓰는 것입니다. 그래서 제가 만든 사자성어가 있는데 한번 따라 읽어보십시오.
"적자, 생존"

별로 큰일을 해낸 것은 아니지만 나는 나름대로 무엇을 어떻게 시작하여 어떤 결과를 가져왔는지에 대해 소상하고 담백하게 이야기했다. 그리고 마지막에 가서는 결국 청중의 입으로 "글로 쓴 구체적인 비전" "적자, 생존"이라는 나의 핵심 메시지를 외치게 했다. 결과적으로 내 삶의 스토리는 나의 주장을 강조하는 역할을 한 것이다. 멀리 있는 이야기가 아니라 바로 앞에 서 있는 사람의 스토리가 증거로 제시되니 설득력이 있을 수밖에.

그런데 들고 나갈 이야깃거리가 없는 사람은 어떻게 하느냐고? 간단하다. 이야기를 만들면 된다. 나름의 진실하고 가치 있는 목표를 지금 세워보자. 그리고 그 목표를 달성해보자. 그런 다음 목표를 세우게 된 동기와 목표를 달성해가는 과정에서 일어난 일들과 이를 통해 느낀 점과 배운 바를 말하면 된다. 그것이 스토리다. 그런 스토리를 풀어놓아야 청중은 강사를 믿고 강사의 제안에 따라 어떤 선택이나 결정을 한다.

비전스쿨의 동료 유형근은 아들 이야기를 자주 한다. 그의 아들 경민이는 송파중학교 2학년 때 앞서 이야기한 시사만화 작가 스콧 애덤스의 스토리를 듣고 "나는 전교 3등이다"를 하루에 열다섯 번씩 수개월 동안 썼다. 그리고 실제로 그렇게 되었고 지금은 루이지애나주립대학교 의과 대학생이 되어 있다. 그건 아주 좋은 이야깃거리다. 아이가 '쓰기'를 시작한 것은 동료가 내 강의를 듣고 스토리를 만들어야 되겠다고 결심한 뒤부터였다. 그렇게 결심하고 실행하여 하나의 멋진 스토리가 창조된 것이다.

나의 또 다른 동료 윤우주는 탁월한 강사가 되기 위해 하나의 스토리를 만들기로 결심했다. 그리고 2년에 걸쳐 1,000개의 학교를 방문한다는 목표를 세웠다. 그리고 실제로 그 목표를 거의 달성해가고 있다. 그녀는 자신의 목표가 완전히 달성되면 앞으로 약 1만 명에게 강의를 하겠다는 비전을 세웠다고 한다. 그녀 역시 하나의 스토리를 완성해가고 있다. 누구나 설득력 있는 강사가 되기 원한다면, 강사가 아니더라도 앞에 나가 설득력 있는 이야기를 하고 싶다면, 설득력 있는 스토리의 보유자가 되면 그것으로 충분하다. 강사에게 하루하루의 삶이 바로 스토리의 생산이다. 스토리의 생산이 설득력의 축적이다.

진솔한 고백,
촉촉한 물기로 영혼을 적신다

청중은 감동 받기를 원한다. 가슴이 뛰고 영혼이 춤추는 기쁨을 맛보기 원한다. 적어도 한두 번은 가슴이 두방망이질 치고 머리가 띵해지고 온몸에 소름이 끼치는 그런 순간을 맞이하길 바란다. 그런 감동이 없는 시간은 수업일 뿐 강연이 아니다. 청중은 강연을 통해 뭔가 달라질 수 있는, 성장할 수 있는 계기를 얻고자 한다. 통계 자료는 없지만 현장에서 경험한 바로는 30퍼센트의 냉소주의자들을 빼고 청중은 누구나 정보보다는 감동을 원한다. 유익한 정보나 흥미로운 사실 같은 건 어디까지나 감동을 일으키는 보조적인 수단일 뿐이다. 웃음은 양념이고 눈물은 본질이다. 눈물 없이 감동은 없다. 비전, 리더십, 셀프헬프(self-help), 모티베이션 분야에선 특히 그렇다. 제3자의 성공담은 필요 없다. 강사 자신의 스토리여야 한다.

감동을 불러일으키자면 강사 자신이 어떤 역경을 겪었는지 리얼하게 묘사해야 한다. 나는 역경에 처해 어디가 어떻게 아팠는지, 왜 눈물을 흘렸는지, 누구에게 무슨 말을 들었는지, 그리고 얼마나 고통스러웠는지를 모두 말한다. 무엇을 갈등했으며 어떤 대안을 찾았는지, 그래서 어떤 선택을 했고 이를 어떻게 실행에 옮겼는지, 그리고 그 결과가 어떻게 되었는지를 소상하게 밝힌다. 그래서 그 결과로 무엇을 이루어 얼마나 행복한지, 왜 날마다 가슴 뛰는 아침을 맞이하게 되었는지, 경제적으로는 어떤지, 사람들을 만날 때나 강연에 초청받을 때 어떤 느낌이 드는지를 가감 없이 말하는 것이야말로 내가 감동을 일으키는 핵심 요소이다.

약 17년 전 연말, 저는 한 송년 모임에 나갔습니다. 후배 한 명이 다가와서 말을 걸더군요. 그런데 이런저런 이야기 끝에 후배가 언성을 높여 제게 면박을 주는 겁니다.
"선배는 말이지 학교 때 잘난 척은 있는 대로 다 하더니, 졸업하고 나가면 뭔가 큰 건 하나 올릴 것 같이 뻥뻥대더니, 지금 그 시골에 엎드려서 뭐하는 거요? '선배 동기들은 지금 삼성에서, 현대에서, LG, SK에서 방방 날고 기는데, 후배들도 벌써 다 추월해갔는데, 거기 촌구석에 엎드려서 뭐하고 있는 거요? 사람이 왜 그렇게 살아? 어, 답답해, 쯧쯧쯧."
그러니 제가 얼굴이 얼마나 화끈거렸겠습니까? 그 말을 듣는 순간 저는 앞이 보이질 않았습니다. 견딜 수 없는 모멸감을 느꼈습니다. 어딘가에 머리를 쾅 박고 죽고 싶다는 생각뿐이었습니다. 그날 어떻게 집에 돌아왔는지 기억이 나지 않습니다. 그리고 이튿날부터는 아주 비겁한 낮과 비탄의 밤이 시작되었습니다. 저는 어떤 모임에도 나가지 않고 아무도 만나지 않았습니다. 연락이 오면 없다고 하거나 기억이 나지 않는다고 피했습니다. 왜냐하면 여기저기 다니며 이 사람 저 사람 만나다 혹시 그런 말을 또 한 번 더 듣는다면 그날은 제가 정말 죽을 것 같았기 때문입니다. 죽는 게 이런 거구나, 사람이 이렇게 죽는 거구나 하는 생각이 들었습니다. 겁이 더럭 났습니다. 그래서 학교는 최소한으로 가고 월급봉투만 얼른 챙겨 가지고 와서 집에 틀어박혀 낮잠만 잤습니다. 그러면서 후배에게 그런 말이나 듣는 못난 나를 한탄하며 끝도 없는 가슴앓이를 했습니다.

사실 이런 이야기를 대중 앞에서 한다는 것 자체가 조심스럽기는 하다. 부끄럽기도 하고 부정적인 측면도 있다. 그러나 내가 직접 경험한 아픔과 그것을 극복해나간 과정을 소상하고 진솔하게 이야기함으로써 비슷한 아픔을 겪고 있는 사람들에게 위로를 주고 다시 일어설 수 있는 힘을 주는 것이 더 중요하기 때문에 나는 나를 던져 이야기를 꺼내기로 한 것이다.

이 이야기를 꺼내면 청중은 숙연한 표정으로 귀를 기울이고 다시 한 번 자신의 처지와 당면 과제들을 살피게 된다. 그리고 저 사람은 그런 어려움을 어떻게 감당하고 이겨냈을까 하는 관심을 가지고 나를 응시한다. 때론 침 삼키는 소리와 헛기침 소리도 들리고 여기저기서 짧은 탄식도 터져 나온다.

나 역시 당시의 아팠던 가슴을 쓸어내리며 목소리가 약간 떨리기 시작한다. 그때부턴 청중이 어떤 표정인지 무슨 반응이 오고 있는지 안중에 없고 오직 아팠던 그때의 기억만 머리에 꽉 찬다. 빨리 그 기억을 떨쳐내고 다음 이야기로 나아가기 위해 나도 헛기침을 하며 물을 마실 수밖에 없다. 이럴 때 다시 정신을 차리기 위해 내가 사용하는 방법은 발가락 운동이다. 속으로 하나, 둘, 셋을 세며 엄지발가락을 세 번 오므리는 것이다. 발가락에 신경 쓰는 동안 내 의식도 전환되고 약간의 멈춤이 청중에게는 쉼표의 역할을 해서 스토리의 흐름을 정리하며 따라올 여유도 준다.

사실 여기서부터는 강의를 어떻게 해야 한다는 생각은 모두 잊고 어떤 뜨거운 불덩이 같은 것을 들고 있다가 너무 고통스러워서 빨리 내던져야 한다는 생각밖에 나지 않는다. 그러다 보면 아무리 자기 조절을 한다고 하지만 마음대로 되지 않는다. 그럴 때 나는 그냥 자연스러운 감정의 흐름에 맡긴다.

그러던 어느 날 우연히 한 대기업 신입사원 교육 교재를 보게 되었는데 거기 나오는 이야기들이 제 눈길을 잡아끌었습니다. 그들은 모두 참담한 실패를 경험한 사람들인데 그런 어려움 가운데서도 자신과의 치열한 싸움을 이겨내고 마침내 한 번 강의에 최소한 3만 달러 이상을 받는 저명인사가 되어 있었습니다. 지금 그들은 일하는 것도 노는 것이고 노는 것도 돈이 생기는, 모든 정신적·지적 호기심을 억누를 필요가 없는, 그야말로 창조적인 삶을 살고 있다는 것입니다.

더욱 중요한 것은 그들의 두드러진 한 가지 공통점, 그들이 무언가 행동을 개시하기 전에, 그들이 죽기 전에 한 번은 꼭 해봐야 되는 일, 한 번은 가져봐야 하는 것, 한 번은 되어봐야 하는 것이 무엇이라는 것을 종이에 적었다는 사실이었습니다. 그래서 아하! 꿈을 현실로 이루기 위해서는 일단 그것을 글로 구체적으로 써보는 것부터 시작하는 거구나, 원하는 것을 적어놓은 노트가 바로 행복으로 가는 골든 티켓이구나 하는 생각에 이르렀습니다.

글로 쓴 구체적인 비전, 그것이 꿈을 현실로 만드는 핵심 노하우, 하나의 진리로구나. 그런데 그게 정말 진리라면 아무나 해도 되는 것이겠구나. 누구는 되고 누구는 안 되는 것이라면 그건 진리가 아니겠지. 어, 뭐라고? 아무나? 아무나 해도 된다고? 아무나 된다면, 내가 해도 된다는 말? 그래, 맞아, 내가 해도 되겠지! 그럼 강헌구, 한번 해봐! 되나 안 되나!

그래서 그들과 비슷하게 흉내를 한번 내봤습니다. 그리고 그 결과는 지금까지 말씀드린 바와 같습니다. 이것이 제 이야기입니다.

"이것이 제 이야기입니다"라고 말하는 순간 나도 모르게 울먹이는 목소리가 된다. 애써 참으려 하지만 마음대로 되지 않는다. 그래서 한동안 말을 잇지 못하게 된다. 그러면 청중이 박수로 나를 응원해준다. 나도 청중도 눈가에 물기가 맺힌다. 내가 그들이 되고 그들이 내가 된 것이다.

눈물이 있었고 그 눈물이 밑거름이 되어 함께 기쁨을 탄생시켰기 때문이리라. 지어낸 이야기도 아니고 어디서 주워온 이야기도 아니고 바로 눈앞에 서 있는 사람의 이야기이기 때문이기도 할 것이다. 청중 자신과 별로 다를 것도 없는 비슷한 처지의 사람이 겪어온 사연이기 때문일 것이다. 뾰족한 수를 낸 것도 아니고 그냥 진지한 고민을 한번 해봤다고 하는, 손에 잡힐 것 같은 쉬운 내용이기 때문에 "네가 했으니 나도 할 수 있다"는 희망이 생겼기 때문이기도 할 것이다.

　강연은 감동을 나누는 아름다운 의식이다. 강연장은 정보를 교환하고 돈을 주고받는 장터가 아니다. 강사는 감동의 씨앗을 뿌리는 농부다. 청중은 그 씨앗을 더 널리 퍼뜨리는 전도자들이다. 진정한 감동의 나눔이 가능해지기 위해선 진솔한 고백, 역경을 극복한 과정의 리얼한 묘사가 필요하다.

변화,
청중이 새로운 행동을 시작하게 한다

마케도니아의 필립 2세가 아테네를 침략해오자 데모스테네스가 나서서 아테네 시민들에게 연설을 했다. 그는 연설에서 아테네 시민들의 무기력함을 꾸짖고, 지금 당장 분연히 일어서 전선에 나가 나라를 지키라고 호소했다.

> 그자가 우리의 마을을 집어삼켜 통치하게 되어도, 우리가 생지옥으로 떨어지지 않는단 말입니까? 적들이 계속 싸움을 걸어오고 전투가 벌어지고 있는데도 우리는 목숨을 바쳐 싸우겠노라 다짐하지 않겠단 말입니까? 그자가 우리의 적이 아니란 말입니까? 그자가 우리의 모든 것을 강탈해 가지 않았단 말입니까? 그자가 야만인이 아니란 말입니까? 무슨 할 말이 더 있습니까?

그러나 그의 연설이 반도 끝나기 전에 청중의 태반이 자리를 떠났고, 연설이 완전히 끝났을 때는 연단에 데모스테네스 혼자만이 남아 있었다고 한다.

청중은 모두 어디로 갔을까? 그의 연설을 듣던 아테네 시민들은 너무나 감동하여 그 연설을 끝까지 경청하지도 못한 채 전선으로 달려나간 것이다. 이것이 바로 프레젠테이션의 이상이다. 성공한 프레젠테이션의 모델이다. 나도 나의 강의를 듣다가 뭔가를 좀 더 빨리 시작하기 위해 강의가 끝나기도 전에 자리를 뜨는 사람들을 보게 되면 정말 행복할 것 같다.

프레젠테이션은 감동을 주어야 하며, 감동은 변화를 몰고 온다. 변화는 새로운 행동을 시작하게 한다. 청중이 강연을 들은 그 순간부터 전에 하지 않던 행동을 시작하지 않는다면, 반대로 전에 하던 무언가를 중단하지 않는다면 그 강연은 실패로 끝난 것이다. 아무리 큰 박수를 받았어도, 아무리 재미있고 즐거웠어도, 아무리 세련되고 매끄럽게 진행되었어도 무언가를 결행하겠다는 결심을 이끌어내지 못했다면 실패다. 듣는 이들이 "말 한번 잘하는군" 하고 끝난다면, 실패로 끝난 것이다.

그래서 나는 90분짜리 강연이라면 서너 번을 반복해서 "여러분이 오늘 강의를 아무리 감동적으로 들었어도 집에 가서 어제나 그제와 다름없이 그냥 잠자리에 들면 여러분은 일류 강연을 들으신 겁니까, 삼류 강연을 들으신 겁니까?"라든지 "여러분은 오늘 일류 청중이 되실 겁니까, 삼류 청중이 되실 겁니까?"라며 결행, 즉 비전을 글로 구체적으로 기록하라고 촉구한다.

그들이 실제로 결행했는지 아닌지까지는 모르지만 증거를 제시하고 효과를 보여주고 어디서 무엇부터 시작해야 하는지 명쾌하게 알려주려는 노력, 강사로서 청중의 결행을 담보하기 위한 최대한의 노력을 해야만 한다. 그래야 명품 프레젠테이션이 된다.

화면에 이분은 저의 스승님인데요. 이분이 제가 장가들 때 주례를 맡아주셨습니다. 주례도 서주셨으니 그 집이 이사 갈 때 제가 이삿짐을 날랐습니다. 이삿짐을 날라놓고 한 일주일 지나니 장마가 지지 뭡니까? 그래서 그 집 지하실에 꽉 찬 물도 제가 바가지 들고 가서 펐습니다. 이렇게 되니까, 그분도 우리 아이가 태어나자 우유 깡통 사들고 집에 찾아오셨습니다. 이렇게 서로 왔다 갔다 하며 같이 밥도 먹고, 그분 책 원고 교정도 보고, 강연가실 때 같이 기차도 타고 비행기도 타고 다녔습니다. 이렇게 계속하다 보니 선생님께서 이 제자 인간 되라고 좋은 말씀을 하고, 제자인 저는 계속 듣고 질문하고 메모하고 감동했습니다. 제가 그러니까 이야기해주는 선생님은 점점 더 신이 나서 따따따 침까지 튀어가며 이야기해주셨는데, 그 침이 전부 제 얼굴에 타다닥 튀겨옵니다. 그분 몸의 온갖 병원균, 바이러스가 저한테로 다운로드됩니다. 저도 그때는 그걸 몰랐는데 저에게 다운로드된 바이러스 중에는 여러분이 화면에서 보시는 엄청난 이 꿈의 바이러스, 비전의 바이러스도 있었습니다. 비전의 바이러스가 제 몸에 들어와서 30년 세월 동안 계속 숙성되고 팽창되어 팍 하고 폭발해버리니, 어느덧 저도 선생님을 닮은 모습으로 변해가는 것을 느낍니다.

여러분! 비전은 이렇게 가슴에서 가슴으로 전파되는 것입니다. 여러분!! 비전의 바이러스를 다운로드 받으십시오. 여러분! 비전 있는 자들에게 다가가세요. 손을 내미세요. 어서 악수를 청하세요. 그들과 사진을 찍어요. 사인을 받으세요. 그들에게 질문하고 대답하고 질문하고 대답하고, 편지 보내고 답장 받고, 접촉, 접촉, 접촉하고, 계속 계속 비전의 바이러스를 다운로드 받으세요. 그렇게 하는 사람이 꿈을 잉태하는 사람입니다. 꿈을 가꾸는 사람입니다. 꿈을 이루는 사람입니다.

오늘 잠자리에 들기 전 혼자만의 시간과 공간을 확보하십시오. 그리고 지금까지 들으신 내용 중 생각나는 걸 한두 가지라도 종이에 적어보십시오. 3일 이내에 저에게 이메일을 보내주십시오. 주소는 여기 놓아둔 명함에 있습니다. 무엇을 결심했고 무엇을 시작했는지 알려주십시오. 반드시 답글을 드리겠습니다.

나는 청중으로 하여금 오늘 들은 내용 중 한두 가지라도 반드시 실행에 옮기고 말겠다는 결심을 촉구하기 위해 생동감 넘치는 어휘들을 구사했다. "비전 있는 자들에게 다가가세요. 손을 내미세요. 어서 악수를 청하세요. 그들과 사진을 찍어요. 사인을 받으세요. 그들에게 질문하고 대답하고 질문하고 대답하고, 편지 보내고 답장 받고, 접촉, 접촉, 접촉하고"라는 문장을 보면 뭔가 율동감이 있을 것이다. 동사와 동사를 계속 연결해서 뭔가를 결행하고 있는, 움직이는 이미지를 심어주고자 하는 것이다. 또한 행동의 단계를 세밀히 구분하여 차근차근 한 동작 한 동작을 보여준 것은 청중이 자기도 모르게 손을 쑥 내밀게 하겠다는 의도이다. 이때 목소리를 '쏠'보다 더 높이 올렸을 땐 더욱 효과적이었던 것 같다.

앞서 이야기한 미국 대학의 '3퍼센트' 이야기를 통해 '글로 쓴 구체적인 비전'의 효익을 충분히 설명했고 강사인 나 자신의 스토리를 통해 실감나게 증명했다. 또한 800명 중의 797명을 거론하며 비전을 글로 구체적으로 기록하지 않는 것은 실패계획서를 작성하는 것과 같다고 위협 아닌 위협도 가했다. 그뿐만 아니라 "누가 감당할 것인가?"라는 물음에 큰 소리로 "내가"라고 소리치게 했고 거기에 더하여 "난 짬뽕"을 외치게 함으로써 '결행'을 공식적으로 약속까지 하게 만든 상태다.

또한 마지막 클라이맥스에서의 고도의 집중 상태를 유지하기 위해 나는 침이 튀어서 '악성(?) 바이러스'가 다운로드 되더라는 스토리를 동원한다. 그리고 그 악성 바이러스가 비전의 바이러스로 반전되는 과정을 통해 청중을 다시 한 번 고도의 몰입 상태로 유도한다. 바로 그 고도의 몰입 상태에서 숨 돌릴 겨를을 주지 않고 이른바 '결행'을 촉구하는 결정적 언어들을 속사포처럼 쏘아대는 것, 그래서 그들이 그중 한두 가지라도 결심하게 하는 것, 그것이 나의 의도이다.

🎤 좋은 프레젠테이션의 조건

메시지의 탁월성:	37퍼센트
강사의 실제 삶:	21퍼센트
스타일과 언변:	14퍼센트

열정: 9퍼센트

와 닿는 유머: 6퍼센트

공감: 5퍼센트

원활한 연결: 5퍼센트

스토리의 감동: 4퍼센트

_ Lilly Walters의 《Secrets of Superstar Speakers》중에서

수직착륙,
예상치 못한 곳에서 뚝 그친다

강연을 처음 시작할 때 수직이륙을 한 것처럼 마치는 것도 수직 착륙을 해야 한다. 조금 있으면 끝나겠지 하는 순간이 오기 직전에 그대로 딱 멈춰버려야 한다. 그래야 감동이 있다.

역사상 가장 긴 취임 연설을 한 사람은 윌리엄 헨리 해리슨(William Henry Harrison) 미국 제 9대 대통령이었다. 그는 춥고 비가 오는 날 무려 한 시간 45분 동안이나 연설을 했는데, 감기에 걸려 몇 주 후에 사망했다. 반면 링컨의 게티스버그 연설은 3분이 채 걸리지 않았지만 시대를 초월하여 가장 위대한 연설 중 하나로 꼽히고 있다.

언젠가 수원의 한 학부모 단체로부터 50분짜리 강연을 부탁받았다. 약속 시간보다 30분 일찍 가서 현장을 둘러보고 만반의 준비를 하고 기다리고 있는데, 정해진 시간에서 약 5분쯤 지났을 때 담당자가 와서 "선생님, 죄송합니다. 앞 순서가 늦게 끝날 것 같습니다. 그러나 행사 전체를 마치는 시간을 어길 수는 없습니다. 부득이 프레젠테이션 시간을 30분으로 단축해야 할 것 같습니다"라고 말하는 것이었다.

정해진 시간이 50분이었으므로 하나에 10분씩 다섯 가지 요점을 준비해 둔 상태였다. 그래서 하나에 6분씩 이야기하려고 요점을 다시 추렸다. 그러나 시간이 촉박하다 보니 작업이 여의치 않았다. 결국 원래 준비한 대로 하되 뒤쪽의 두 가지 요점, 20분 분량은 버리기로 했다. 나의 판단은 옳았다. 50분을 다했을 때보다 더 큰 호응을 얻을 수 있었던 것이다.

준비한 것을 다 말해야 한다는 생각을 버리면 더 효과적인 프레젠테이션을 할 수 있다. 이유 여하를 막론하고 프레젠테이션은 정해진 시간보다 일찍 끝나야 한다. 늦게 시작한 것은 청중의 입장에선 '댁의 사정'이다. 늦게 시작했다고 늦게 끝나는 것은 청중의 입장을 무시하는 태도다. 시간이 모자랄 땐 준비한 전부를 조금씩 하는 것보다 차라리 조금을 전부 하는 것이 더 바람직하다.

청중이 강사로부터 가장 듣고 싶은 말은 '결론적으로'라는 말이다. 초보자일수록 자기가 준비한 내용을 다 말해야 한다고 생각한다. 또 주어진 시간을 다 채우고도 어느 정도 더 해야 성실한 강사라고 생각한다. 나는 90분이 주어지면 85분이나 80분 정도에 끝마친다. 때론 청중의 마음이 나보다 먼저 강연을 끝내는 경우도 있다. 눈빛과 태도를 보면 그것을 알 수 있다. 그러면 거기서 미리 준비된 짧은 클로징 멘트를 날리고 뚝 그친다. 그러면 우레와 같은 박수가 터진다.

강연을 5분 일찍 끝내면 청중은 감동을 받지만 5분 늦게 끝내면 조

바심치거나 화를 낸다. 강사는 여유가 있을지 모르지만 청중은 시간이 없다. 만날 사람도 있고 가야 할 곳도 많다. 그들은 강연이 당연히 제 시간에 끝날 것이라고 믿고 많은 약속을 잡아둔 상태다. 그들의 기대를 저버려서는 안 된다.

> 글로 쓴 구체적인 비전, 자기에게 보내는 편지, 하루에 열다섯 번씩 적어보는 마법의 문장, 사명 선언문, 미래 이력서, 이런 글로 쓴 구체적인 비전이 있는 사람, 이런 비전의 바이러스 보유자, 꿈이 있는 여러분 중에서, 21세기 한국을 실제로 이끌어가는 리더들이, 많이 나와주길 소망합니다, 감사합니다.

위의 클로징 멘트는 무엇을 하라는 것인지를 분명히 일러주는 수식어 없는 키워드들을 최종적으로 또박 또박 나열해줌으로써 행동의 초점을 분명히 한다. 청중은 강사의 속내를 훤히 들여다보고 있다. 강사보다 앞질러간다. 결론에 가까워가는 것을 이미 알고 있는 그들은 주요 내용을 총정리하고, 모든 것이 대단원의 막을 향해 마무리되고 있다고 생각한다. 이미 소지품도 다 챙겨놓고 마음속에서는 강연을 끝내버렸다. 끝나고 어디부터 갈 것이라는 생각이 머릿속에 떠워져 있다. 이젠 마지막으로 의례적인 박수를 치고 출구로 달려갈 마음의 준비를 하고 있다.

그런데 강사의 이야기가 멈추질 않는다면 어떻게 될까? 갑자기 강사가 또 다른 결론을 끄집어내고 또 다른 결론에 또 다른 결론이 계속 이어지고 결론이 끊임없이 꼬리에 꼬리를 문다면? 비행기가 착륙을 하려고 활주로 위를 선회하다가 다시 하늘로 날아오르는 형국이다. 그렇게 되면 그날의 모든 노력도 하늘로 날아가버린다. 결론은 불시에, 한 번에 맺어야 한다.

 다 된 밥에 코 빠트리는 결론의 유형

1. 사과하는 것으로 스피치를 끝맺는 것

2. 멋진 말을 하기 위해 논점에서 이탈하는 것

3. 새삼스럽게 새로운 내용을 도입하는 것

4. 청중과 시선을 맞추지 않고 준비된 결론 원고를 읽는 것

5. 결론을 너무 오래 끄는 것

6. 스피치의 나머지 부분과 같은 스타일로 끝맺는 것. 단순히 내용을 반복하는 것으로 스피치를 끝맺게 된다면 청중에게 폐를 끼치게 될 뿐이다.

7. 끝나려면 아직 멀었는데 '결론적으로' 내지 '요약해보면'과 같은 표현을 사용하는 것

_ 조 스프래그, 더글라스 스튜어트의 《발표와 연설의 핵심기법》 중에서

1부에서는 한마디 말로도 박수 받기 위해선 무엇을 어떻게 말해야 하는지에 대해 논의했다. 2부에서는 본격적으로 무대에 오르기 전, 어떤 계획을 세워야 하는지에 대해 이야기하려 한다. 회사 내에서 업무적인 보고를 하거나 거래처에 가서 중요한 제안 프레젠테이션을 해야 하는 경우, 또는 개인적인 초청을 받은 자리에서 한마디를 해야 하는 경우 등 모든 앞에 나가서 혼자 말을 해야 하는 상황에서 어떻게 내용을 기획하고 구성하고 연습을 해야 하는지 자세히 살펴보자.

만약 당신에게 프레젠테이션이라는 한판 승부가 임박해오고 있다면 무엇보다 먼저 '말을 잘해야 한다'는 강박관념부터 버려야 한다. 프레젠테이션의 승패는 말이 아니라 기획에서 판가름 나기 때문이다. 그리고 기획의 포인트는 6장에 설명하는 '가설사고', '단어지출 예산', '템플릿' 그리고 '토크파워 9단계 공식'이다.

더 나아가 프로 강사로서의 길을 가고자 한다면, 당대 1인자에게 직접 배우는 것이 최상의 전략이다. 1인자에게 배우고 1인자를 넘어서 새로운 1인자가 되고자 한다면 7장의 백문, 백독, 백습을 실행에 옮기는 것이 좋다. 백문, 백독, 백습이야말로 프레젠테이션뿐만 아니라 인생의 모든 영역에서 박수 받는 힘의 원천이다.

제2부

한 판 승부가 임박해오는 그대에게

|06|
CEO와 직장인을 위한 토크파워 공식

탁월한 프레젠테이션을 하기 위해서는 탁월한 공식으로 승부해야 한다. 이번 장에 소개하는 토크파워 9단계 공식은 초보자는 물론이고 전문가도 이용할 수 있는 고성능 무기다. 어떠한 상황에서도 이 간단한 공식을 충실히만 적용하면 누구나 박수 받는 즐거움을 맛볼 수 있다.

특별한 기술이 없어도 잘 만들어진 틀에다 반죽과 단팥을 넣고 뚜껑을 닫은 뒤 열을 가하면 맛있는 붕어빵이 나오듯이, 여기에 소개하는 토크파워 9단계 공식에다 엄선된 자료와 논리를 집어넣기만 하면 최소한 80점짜리 프레젠테이션은 만들 수 있다. 그러므로 내성적인 사람, 무대 체질이 아닌 사람, 말하는 전문 기술이 없는 사람, 그리고 말문이 막히는 사람에게 토크파워 공식은 아주 유용한 도구가 될 것이다. 여기에 연습과 상상력이 더해진다면 90점, 95점짜리 프레젠테이션이 되기에 충분하다.

단, 처음부터 끝까지 잊지 말아야 할 한 가지 핵심은 가설사고라는 생각의 틀을 벗어나서는 안 된다는 것이다. 세계의 모든 길이 로마로 통하듯 인트로, 토픽 소개, 클라이맥스 등 다른 여덟 단계는 모두 세 번째 단계의 핵심 메시지와 맞닿아야 한다.

말을 잘해야 한다는
강박관념부터 버려라

그는 소처럼 무거운 발걸음으로 마이크 앞까지 걸어갔다. 그는 연설의 시작을 알리는 신호가 있은 지 10초가 지나도록 입을 열지 못했다. 적막 속에 긴장감이 흘렀고 그 순간 영국은 얼어붙었다. "친애하는 국민 여러분!"이라는 아주 짧은 문장으로 입을 열었지만 다음 말을 듣기 위해 영국은 또 10초가량을 기다려야 했다. 그렇게 처음부터 끝까지 그의 말은 느렸고 목소리는 심하게 떨렸다. 그는 계속 머뭇거렸고 연속해서 다섯 단어 이상을 발음하지 않았으며 P와 W는 더듬거나 거의 발음하지 못했다. 그럼에도 그의 연설이 끝났을 때 영국 국민들은 열광했고, 제2차 세계대전을 승리로 이끌 만큼 영국인들을 단결시켰다는 평가를 받았다. 2010년에 개봉된 영화 〈킹스 스피치〉에 묘사된 영국 왕 조지 6세의 모습이다.

처음에 그가 뜸을 들일 때 청중은 그가 꺼내기 어렵거나 꺼내고 싶지 않은 아주 중요한 말을 엄청난 고뇌 끝에 시작하는 느낌을 받았다. 긴장되고 떨리는 음성은 그가 얼마나 중요한 결정을 내렸는지를 알려주는 말 없는 말이 되었다. 서너 개의 단어들을 이어서 발음하고 그때마다 3초나 4초, 길게는 5초까지 반복적으로 멈춘 것은 그의 모든 단어들이 듣는 이의 귀에 정확하게 꽂히는 결과를 가져왔다. 후반으로 갈수록 조금 빨라진 말의 속도와 높아진 목소리는 고뇌 끝에 이루어진 그의 결심이 얼마나 확고한지를 느끼게 하는 요소가 되었다. 결국 그의 한마디 한마디에는 파워(talk-power)가 넘쳤고 모든 사람들의 마음을 흔들었으며 영국을 감동시켰다.

그는 다섯 살 때부터 소문난 말더듬이였다. 혼자 중얼거릴 때를 빼고는, 심지어 딸들에게 옛날 얘기를 해줄 때도 "펭귄"을 "페, 펭귄"이라고 할 정도로 심하게 말을 더듬었다. 특히 아버지 앞에서는 이미 작성된 원고도 못 읽었다. 그리고 대중 앞에 섰을 땐 그야말로 생각 막힘(think block) 현상이 일어나고 "음~ 에~ 그~"를 연발하는 스타일이었다.

그러던 중 전문가의 도움으로 아무런 잡음이 들리지 않도록 귀를 완전히 막은 채 홧김에 마구 읽어댄 햄릿의 한 구절을 녹음하게 된다. 그는 나중에 우연히 이를 듣고는 자신에게도 5분 이상 공식적인 말을 계속 이어나갈 능력이 있다는 사실을 알게 된다. 그때부터 그는 노력했다. 턱관절 운동도 하고 심호흡도 연습하고 발을 움직이며 호흡을 가다듬는 법도 익혔다.

그런데도 말더듬은 쉽게 고쳐지지 않아 완치되지 않은 상태에서 1936년 12월, 영국의 왕이 되었다. 당시 폴란드를 침공한 히틀러는 드디어 런던까지 위협하기 시작했고 1939년 9월 영국은 독일에 선전포고를 해야 했다. 선전포고가 있던 날, 그는 BBC 라디오에 나가 9분 동안 영국과 세계를 향해 승전을 독려하는 숙명적인 연설을 하지 않으면 안 되었다.

그는 자신도 없고 부담감도 컸지만 굳게 마음먹고 연설을 준비했다. 스튜디오로 들어서기 직전 해군 장관 윈스턴 처칠로부터 자기도 원래 말더듬이였다는 위로의 말도 들었다. 생방송 1분 전에도 '내가 그린 기린 그림은 잘 그린 기린 그림이고' 같은 어려운 발음을 활용해 연습했다. 말더듬이라는 생각을 접어두고 오직 듣는 사람의 마음을 사는 데에만 집중했다. 그리고 마침내 사람들로부터 완벽합니다, 방송 체질입니다, 최고입니다 등의 찬사를 받을 만큼 탁월한 연설을 해냈다.

프레젠테이션의 관건은 말이 아니라 콘텐츠다. 말을 잘하는 게 아니라 명쾌한 메시지를 청중의 귀에 도착하도록 만드는 것이 프레젠테이션의 목적이다. 따라서 전달하는 기술이 아니라 전달하는 내용에서 승부가 난다. 언변으로 하는 것이 아니라 신념으로 하는 것이다. 타고난 능력이 있는 사람보다 준비를 많이 한 사람이 이긴다.

혼자 있을 때 머릿속 생각이 막히지 않는 사람이라면, 연습을 통해 누구나 대중 앞에서도 결코 말이 막히지 않게 이야기해나갈 수 있다. 물론 말솜씨까지 좋으면 더욱 좋겠지만 본질은 말솜씨가 아니라 내용이라는 점을 명심하자.

누가 보아도 "아, 저 사람은 프레젠테이션이라는 것을 처음 하는구나!" 하는 느낌이 역력한 사람이 오히려 "아, 저 사람은 말은 청산유수로 잘하네!"라는 평가를 받는 사람보다 더 효과적으로 청중을 설득할 수 있다. 말은 잘하는데 내용이 별 볼 일 없는 것보다는 말은 어눌하지만 내용이 탁월한 게 오히려 낫다. 말을 잘하는 것도 물론 프레젠테이션의 중요한 부분이지만, 때론 말을 너무 잘하는 것이 오히려 역효과일 수도 있다. 말만 번지르르하다는 인상을 줄 수 있기 때문이다.

비록 꽃미남은 아니지만 나름의 개성과 리더십을 갖춘 남성이 "저, 저는 다, 당신을 사랑합니다. 저에게 존재의 이유가 되, 되어주십시오"라고 한다면, 그렇게 말하는 순간의 강렬한 눈빛과 열띤 목소리가 진심이라는 것을 말해주고 있다면, 아마 그 프러포즈를 받은 여성은 그날 밤 내내 잠을 이루지 못할 것이다. 그가 말을 더듬었다고 해서 그의 사랑 고백에 흠결이 되었을까? 떨리는 목소리가 오히려 호소력 있게 들렸을 것이며, 다음 말을 찾는 여백이 오히려 신중함과 진솔함을 뒷받침하는 증거가 되었을 것이다.

탁월한 프레젠테이션을 하기 위해서는 말을 잘해야 한다는 강박관념부터 버려야 한다. 사람들 앞에만 서면 아무런 이유도 없이 얼굴은 홍당무가 되고 입술이 마르면서 생각이 막히고 다음 말을 잊지 못해 "아~ 음~"을 연발하는 사람도 누구나 감동적인 프레젠테이션을 할 수가 있다. 프레젠테이션을 잘하는 사람과 못하는 사람이 있는 것이 아니라 준비를 충실하게 하는 사람과 하지 않는 사람이 있을 뿐이다. 다만, 준비를 하는 방법 여하에 따라서 정해진 시간 안에 더 충실한 준비를 할 수도 있고 그렇지 못할 수도 있다. 다음 장은 그러한 방법에 관한 이야기다.

프레젠테이션 자신감 지수

아래 질문에 대한 자신의 느낌을 5단계의 척도로 체크해보자.

(1 항상 그렇다 2 자주 그렇다 3 가끔 그렇다 4 드물게 그렇다 5 전혀 그렇지 않다)

1. 나는 여러 사람 앞에 나가 프레젠테이션을 해야 할 일이 생기면 몹시 신경이 쓰인다.

   ① ② ③ ④ ⑤

2. 나는 여러 사람 앞에 서게 되면 내가 지금 이 순간 과연 잘하고 있는지 궁금하다.

   ① ② ③ ④ ⑤

3. 나는 프레젠테이션을 할 때 청중들과 눈을 너무 많이 마주치지 않도록 조심한다.

   ① ② ③ ④ ⑤

4. 나는 프레젠테이션을 할 때 사람들이 내 말에 주의를 기울이지 않을까봐 두렵다.

   ① ② ③ ④ ⑤

5. 나에겐 첫출발이 가장 어렵다. 도무지 무슨 말로 어떻게 시작할지 너무 막연하다.

   ① ② ③ ④ ⑤

6. 나는 생각을 조직적으로 정리하기가 어렵다.　① ② ③ ④ ⑤

7. 나는 프레젠테이션이 어서 빨리 끝나기만을 기다리면서도 막상 무슨 말로 어떻게 마무리를 해야 할지 막막해진다.　① ② ③ ④ ⑤

8. 나는 "아~ 음~ 에~"를 연발하는 편이다.　① ② ③ ④ ⑤

9. 나는 횡설수설하며 하나의 초점에 집중하지 못하는 것 같다　① ② ③ ④ ⑤

10. 나는 사람들이 내 말을 듣지 않는다고 생각되면 당황하여 어쩔 줄 모른다.

    ① ② ③ ④ ⑤

세상에 총점이 10점이거나 50점인 사람은 없다. 만약 점수가 45점 이상이라면 당신은 더 이상 이 책을 읽을 필요가 없다. 당신의 점수가 35점에서 44점 사이라면 프레젠테이션 능력은 수준급이다. 당신이 이미 알고 있는 것들을 조금 더 가다듬고 독서를 한다면 아주 탁월한 프레젠터가 될 수 있다. 당신의 점수가 25점에서 34점 사이라면 평균 수준이다. 강점을 더 강화하고 약점을 보완하는 노력이 필요하다. 점수가 10점에서 24점 사이라면 당신에겐 프레젠테이션에 대한 약간의 두려움이 있다. 그러나 노력하면 얼마든지 극복할 수 있다.

_ Krannich, Caryl Rae의 《101 Secrets of Highly Effective Speakers》 중에서

가설사고, 단어지출예산, 템플릿으로 무장하라

5분짜리 즉흥 연설, 15분짜리 비즈니스 프레젠테이션, 50분짜리 학교 수업, 아니면 90분짜리 대중 강연, 그 어떤 스피치에서건 청중을 사로잡고자 하는 사람들에게 나는 '토크파워 공식(TPF: Talk-Power Formula)'을 추천한다. 특히 프레젠테이션을 처음 시도하는 사람과 처음은 아니지만 사람들 앞에 홀로 서기만 하면 얼굴이 붉어지고 호흡이 불편해지며 머리가 하얘지는 사람일수록 토크파워 공식이 답이 될 수 있다.

토크파워 공식은 '가설사고', '단어지출예산', 그리고 '템플릿'으로 구성되어 있다. 이것은 언어심리치료 전문가인 나탈리 로저스가 창시한 것으로 나는 그녀의 책을 번역 소개한 적도 있다. 여기 소개하는 내용은 그녀의 토크파워 공식에 가설사고 개념과 한국적인 여건 및 필자의 생각을 반영하여 다시 만들어본 것이다.

토크파워 공식은 프레젠테이션이라는 것을 하나의 모자이크 작품으로 이해한다. 훌륭한 모자이크를 창조하기 위해서는 각 조각을 차례대로 끼워 넣기 전에, 먼저 완성된 전체 그림을 머릿속에 그려야 한다. 토크파워 9단계 공식은 먼저 프레젠테이션의 전체 그림을 결정하고 그것을 아홉 개의 조각으로 나눈다. 그리고 각 조각의 크기를 결정한다. 아홉 개 조각의 크기는 시간과 단어 수로 측정한다. 디자인이 끝나면 마지막으로 조각들을 미리 정해진 순서대로 조립해나가면 된다.

결론 먼저 정하고 출발하기, 가설사고

모든 프레젠테이션, 연설, 강연의 성패는 원고의 충실성 여부에 의해 결정된다. 그러나 자료를 많이 수집했다고 해서 반드시 탁월한 프레젠테이션이 되지는 않는다. 오히려 너무 많은 정보는 혼란을 야기할 뿐이다. 정보는 수집보다 버리는 것이 더 중요하다. 시간을 최대한 절약하면서도 가장 충실한 원고를 작성하기 위해서는 가설사고(Hypothesis-Driven Approach)가 해결책이다. 가설이란 정보를 수집하거나 분석하기 전에 미리 정해 두는 직관적인 해답이다. 그리고 가설사고란 결론을 미리 정해두고 그에 적합한 논리와 정보를 채워나가는 방법이다. 결론에서 시작하여 결론으로 끝내는 것이다.

세계적인 경영 컨설팅 집단, 보스턴컨설팅그룹(BCG)에 의하면 가설사고를 한다는 것은 마치 지도를 통해 목표 지점을 명확히 알고 정상 정복에 나서는 산악인과, 지도 없이 무턱대고 산에 오르려는 등산객의 차이와 같은 것이다. 산악인은 목적지를 분명히 알기에 자신에게 주어진 여건에 맞는 최단 루트를 선택하여 정해진 시간 내에 정상에 오를 수 있지만, 등산객은 여러 루트를 탐색하는 데 시간을 허비하다가 겨우 자그마한 봉우리에 오르는 데 그치거나 조난을 당한다.

가설사고는 원고 작성이라는 무거운 짐을 가볍게 해주고 동시에 원고의 정확성도 향상시켜준다. 정보를 닥치는 대로 수집하면 원고의 진행이 늦어질 뿐 충실해지는 경우는 드물다. 오직 정보의 바다에 빠져 표류하고 있는 자신을 발견하게 될 뿐이다. 가설사고는 용어 자체가 어려워 숙달된 전문가들의 무기라고 생각할 수도 있지만, 그것은 오해에 불과하다. 가설이 틀렸다면 고치면 된다. 빗나간 가설을 더 많이 세워본 사람이 더 적중하는 가설을 세울 수 있는 것이다. 프레젠테이션 원고 작성 작업에 가설사고를 적용한다는 것은 작업을 다음과 같은 순서로 진행하는 것이다.

1. 주제 선정 및 강렬한 제목 고르기
2. 청중 및 기획 의도 분석하기
3. 1차 자료 수집 및 분석(프레젠테이션의 전체상 그리기)
4. 잠정적 핵심 메시지 결정하기(가설 세우기)
5. 핵심 메시지를 3~4가지 메뉴 및 클라이맥스로 구성하기(가설 세우기)
6. 각 메뉴 및 클라이맥스를 위한 자료 수집 및 분석하기(가설 검증하기)
7. 핵심 메시지 및 각 메뉴의 타당성 재검토 및 확정하기
8. 인트로에서 결론에 이르는 각 단계별 단어지출예산 확정하기
9. 각 단계별 템플릿 선정하기

10. 원고 작성

11. 시청각 자료 만들기

12. 전반적인 재검토 및 보완하기

일반적으로 프레젠테이션의 주제와 제목이 미리 결정되므로 발표자가 주제를 고민할 필요는 없다. 그러나 때에 따라서는 주제만 결정되어 있고 제목은 발표자가 결정해야 하는 경우도 있다. 청중의 관심을 끌기 위해선 제목이 강렬해야 한다. 제목이 향기롭지 않으면 내용이 아무리 달콤해도 아무도 그 맛을 맛보러 오지 않는다. 주제를 직접 표현하기보다 '향기롭게' 하는 것이 더 중요하다.

청중분석 및 기획의도에 대한 분석이 끝나면 곧바로 주제에 관련된 자료조사에 착수한다. 이 단계에서 너무 많은 정보를 수집하려 하기보다는 관련성이 높은, 그리고 주제의 전체상을 그리는 데 도움이 되는 자료에 집중하라.

주제에 대한 전체상이 파악되면 가설을 세워보자. 가설을 세운다는 것은 잠정적인 핵심 메시지를 정하는 것을 말한다. 핵심 메시지가 프레젠테이션의 전체상이다. 프레젠테이션이란 이 한 줄의 핵심 메시지를 청중에게 각인시키는 작업이다. 동시에 핵심 메시지를 몇 개의 메뉴로 쪼개서 각각의 메뉴에 이름을 붙이는 것도 역시 가설 세우기 작업의 중요한 요소다.

그중 가장 중요한 메뉴가 클라이맥스인데 그것에 대해서도 타이틀을 붙여놓는다.

핵심 메시지와 메뉴를 결정했으면 이제부터 그 타당성을 입증할 자료들을 수집하여 내용을 형성해나간다. 그렇게 내용을 구성해나가다 보면 자연스럽게 미리 정해둔 핵심 메시지와 메뉴, 즉 당초의 가설에 대한 의구심이 생기게 마련이며 계속 파고들면 결국 더 좋은 핵심 메시지와 메뉴를 발견하게 된다.

이렇게 가설 검증, 즉 핵심 메시지와 메뉴의 타당성에 대한 확신이 생기면 그때부터 인트로에서 결론에 이르기까지의 각 단계에 활용할 템플릿들을 선정하고 원고 작성에 착수한다. 그 이후의 작업은 누구나 상식적으로 다 아는 부분이다. 가설사고는 본질에 접근하는 속도를 높여주며 따라서 좋은 내용을 더 효과적으로 만들게 한다.

프레젠테이션의 내비게이터, 단어지출예산

프레젠테이션의 원고를 아홉 개 항목으로 나누고 항목별로 단어지출예산과 시간지출예산을 책정하고, 템플릿이라는 지출 기계를 사용하여 예산대로 시간과 단어를 지출하기만 하면 훌륭한 프레젠테이션을 해낼 수 있게 설계된 공식이다. 이것은 단순히 프레젠테이션의 내용만 메모하는 일반적인 개요표와는 많이 다르다. 왜냐하면 이것은 단순한 내용의 흐름뿐만 아니라 시간의 흐름, 사용 단어 수, 브레이크, 그리고 흐름을 원활케 하는 템플릿 등 다양한 요소로 구성되어 있기 때문이다.

이렇게 명쾌한 논리와 탄탄한 구조로 설계되어 있기 때문에 토크파워 공식은 프레젠테이션의 핵심 메시지를 제시할 적절한 타이밍을 결정해주고 서로 어지럽게 뒤엉켜 있는 정보들을 효율적으로 분류해서 요점을 명확히 드러내준다.

토크파워 공식은 공식대로 따라하기만 하면 프레젠테이션의 성공이 약속되기 때문에 프레젠테이션 자체에 활기를 불어넣을 수 있게 한다. 또한 어떠한 형태의 프레젠테이션이든지 다 적용이 가능하다. 이 공식은 프로 강사, 영업사원, 방송인, 기획자, 정치인, 연기자, 가수, 댄서, 변호사, 치어리더, 운동선수, 면접 응시자, 교육자, 종교인, 각종 모임의 사회자 등 어떤 직업에 종사하는 사람이든지 관계없이 아주 편리하게 사용할 수 있는 방법이다.

특히 경험이 거의 없는 사람에게 발표의 자리가 주어진다는 것은 미지의 바다를 향해 위험한 항해를 시작하는 것과 같다. 바로 그럴 때 토크파워 공식은 지도이며 나침반이다. 이 공식을 활용하면 아무리 생소한 프레젠테이션이라도 어렵지 않게 해낼 수 있다. 프레젠테이션의 내용이나 주제가 어떤 것이라도 상관없이 일반적인 적용이 가능하다. 3분짜리 즉석연설이든, 10분짜리 발표든, 3일간의 세미나든 이 공식을 따르면 시간과 노력을 아낄 수 있다.

단어지출예산

예산항목		내 용	단어지출예산
서론	1. 인트로	"오는 길에 ~에서 ~를 만났습니다" 등 조크나 가벼운 일화 등으로 시작한다. (50자 이상 400자 이하)	서론 부분은 약 500자로 구성되거나, 잠시 멈추는 시간을 포함해 2분 정도의 시간으로 이루어진다.
	2. 토픽 소개	연설의 주제를 담은 문장을 말한다. "오늘 저는 여러분들께 ~에 대해 말씀드리겠습니다." (50자 이하)	
	3. 핵심 메시지 선언	가장 중요하고 핵심적인 생각을 담은 문장으로 다음과 같은 형식으로 표현한다. "저는 ~라고 생각합니다." (50자 이하)	
본론	4. 배경 설명	말하는 자신이나 조직이 연설의 주제와 어떤 관계에 있는지 설명한다. (250자)	250자, 1분
	5. 핵심 쟁점 소개	핵심 메시지를 다루기 쉽게 여러 쟁점으로 나누고 순서를 예고한다. "~에 대해 말씀드리면서, 제가 다룰 사항은 A B C D입니다."	50~130자, 15~30초
	6. 자기주장	핵심 메시지를 구성하는 각 쟁점을 순서대로 하나씩 상세히 다루며 발표자의 자기주장을 펼친다.	750자, 3분, 또는 5,000자, 20분
	7. 클라이맥스	마지막으로 가장 중요한 요점을 다룬다.	250자, 1분
결론	8. 클로징	요점을 요약한다.	250자, 1분
	9. 질의응답	청중의 궁금증을 성실히 풀어준다	

합계 총 7분 또는 24분

*포즈를 포함해 약 250자를 말하는 데 1분 정도가 소요된다.

말이 물처럼 흐르게 하는 은밀한 통로, 템플릿

토크파워 공식, 단어지출예산과 더불어 프레젠테이션의 성공을 약속하는 또 하나의 비책은 템플릿(Template)이다. 템플릿이란, 예를 들면 "저는 오늘 여러분께 프레젠테이션의 성공전략에 대해 말씀드리겠습니다"라는 문장에서 밑줄 친 부분이다. 이것은 말을 담는 그릇이다. 말은 물과 같아서 병이나 그릇이 없으면 가지고 다닐 수가 없다. 나의 머릿속에 있는 말을 다른 사람들의 귀로 운반하기 위해서는, 먼저 말을 담을 수 있는 그릇이 있어야 한다. 이때 말을 담는 그릇이 바로 '템플릿'이다.

말을 담는 그릇이라고 하니 잘 이해가 안 되는가? 말은 그냥 입에서 나오는 것인데 무슨 그릇에 담을 필요가 있을까 싶은가?

밀가루 반죽만으로는 붕어 모양의 빵을 만들기 어렵다. 그러나 붕어 모양의 틀이 있으면 일은 간단해진다. 말도 마찬가지다. 우리들의 머릿속에 있는 콘텐츠는 밀가루 반죽과 같은 것이다. 아무 형태도 없는 반죽, 그냥은 먹을 수도 없는 반죽이 틀 속에 들어가서 열을 받으면 먹음직스러운 붕어 모양을 갖추고, 또 그 모양 그대로 유지되어 언제라도 먹을 수 있는 상태로 변하듯이, 말도 템플릿이라는 틀을 통해 비로소 보기 좋은 모양으로 살아난다.

템플릿을 이용하여 토크를 준비하는 방법은 먼저 뼈대를 만들어놓고 거기에 살을 붙여나가는 것이다. 이런 이치로, 템플릿은 산만한 정보들을 하나의 이야기로 오밀조밀 재미있게, 또 조직적으로 정리할 수 있게 하는 도구다. 좀처럼 다 기억하기 어려운 내용들을 좀 더 손쉽게 기억할 수 있도록 도와주는 생각의 안내자와 같은 것이다.

탁월한 요리일수록 훌륭한 그릇에 담아내야 하는 것처럼 아무리 훌륭한 토픽이라도 품격 있는 템플릿에 담아서 말하지 않으면 청중의 귀에 꽂히기 어렵다. 이때 반드시 '저는'이라고 말해야 한다. '전'이라고 말하거나 이를 생략한 채 그냥 '오늘은'부터 시작하는 것은 적절치 않다. "오늘 저는 여러분께 ~에 대해 말씀드리겠습니다"라고 또렷하고 진중하게 말하고 나면 들떴던 마음이 어느 정도 가라앉고, 해야 할 말이 머릿속에 떠오른다. 프레젠테이션의 주제문을 분명하게 말해두는 것은 청중의 이해뿐만 아니라 말하고 있는 자신이 두려움을 떨쳐내고 내용에 집중하는 데도 도움이 된다.

토크파워 9단계 공식으로
승부하라

어렸을 때 색칠공부를 해본 사람들이 꽤 있을 것이다. 밑그림이 그려져 있고 거기에 자신이 좋아하는 색깔들을 차례차례 칠해나가는 놀이 말이다. 토크파워 공식도 마찬가지다. 자신의 프레젠테이션을 토크파워 공식에 채워나가다 보면, 자신만의 밑그림을 그려나가는 힘이 생긴다.

앞서 토크파워 공식이 어떻게 이루어지는지 대강 감을 잡았으니, 이제 본격적으로 프레젠테이션의 처음부터 끝까지 9단계로 나누어 각 단계에서 이 공식을 어떻게 적용하면 좋은지, 다른 단계와 다르게 유의할 것은 무엇인지 알아보자.

1단계, 인트로: 청중의 의자에 접착제를 붙인다

진행자의 소개가 끝나고 당신이 회의실 앞쪽 중앙에 있는 연단 위의 마이크 앞에 서면 장내는 갑자기 조용해진다. 이제 침묵을 깨고 자연스럽게 말을 시작해야 한다. 이때의 첫 한마디가 바로 인트로다. 그날의 성패는 인트로가 좌우한다고 해도 과언이 아니다. 좋은 인트로는 청중의 의자에 붙여둔 접착제와 같은 역할을 한다. 수많은 구직자에게 거기서 거기인 자기소개를 듣느라 지친 면접관이든, 빨리 건배사가 끝나고 식사나 시작했으면 좋겠다는 생각이 가득한 모임에 모인 사람들이든, 이들을 집중시키려면 인트로가 매력적이어야 한다.

인트로에 지출할 수 있는 단어는 400자 이하이며 지출 허용 시간은 90초 이하다. 주어진 프레젠테이션의 전체 시간이 아무리 길다 해도 인트로는 400자/90초를 초과해서는 안 된다. 효과적인 인트로는 주제나 장소, 청중에 따라 달라진다. 가장 상식적으로 생각할 수 있는 인트로의 유형에는 가벼운 조크로 말 걸기, 짧은 일화 소개하기, 질문 던지기, 인용하기, 동서(East-West) 비교로 시작하기, 충격적 발언으로 관심 모으기, 잘 알려진 인용구나 명언 혹은 명시 이용하기, 간명한 통계 이용하기 등이 있겠으나 어떤 경우에도 그날의 핵심 메시지를 한 마디로 농축하는 내용이어야 한다.

(인트로) 아들은 아침잠이 많습니다. 그래서 어머니는 아침마다 아들을 깨워 학교에 보내느라 여간 고생이 아닙니다. 어머니가 말했습니다.
"얘, 일어나. 학교 늦겠다."
아들이 대답했습니다.
"엄마, 저 학교가기 싫어요. 더 잘래요."
어머니는 이불을 걷으며 말했습니다.

"너 나하고 얘기 좀 하자. 도대체 학교가 왜 그렇게 싫으냐?"

아들이 말했습니다.

"엄마, 저는 학교에서 인기가 없어요. 애들도 저를 싫어하고 선생들도 저를 이상하다고 그래요. 전 학교에 가는 게 너무 싫어요."

"얘, 넌 이제 쉰다섯 살이고 교장도 되었잖니? 얼른 세수하고 출근해라."

(토픽 소개) 오늘 저는 여러분께 가장 뜨거운 중년의 열정에 대해 말씀드리겠습니다.

_ 나탈리 로저스의 《토크파워》 중에서

2단계, 토픽 소개: 자신에게 자신감을 준다

토픽은 그날 행할 프레젠테이션, 연설, 강연의 주제를 청중의 뇌리에 각인시키는 한마디이다. 토픽 소개에 허용되는 단어 및 시간 예산은 50자/10초 이하다. 성공적인 토픽 소개를 위해서는 템플릿과 멈춤, 그리고 단어 하나하나를 부각시키는 또렷한 발음이 중요하다.

청중에게 말을 걸어 관심을 유발한 직후 약간 느리면서도 한마디 한마디에 힘을 주어 말한다. 워낙 짧은 한마디이기 때문에 누구나 자신감 있게 해낼 수 있다. 그렇게 하는 동안에 오늘 무엇을 말하여 어떤 성과를 얻을 것이라는 다짐을 하며 자신감을 확인한다. 작은 자신감이 큰 자신감을 부르게 하는 것이다. 이 단계는 말은 청중에게 하면서도 사실은 화자 자신에게 최면을 거는 것이다.

"저는 오늘 여러분께 신개념 바이오 쿠커의 건강 증진 효과에 대해 말씀드리겠습니다."

"저는 오늘 여러분께 5년 내에 재산을 두 배로 늘리는 골드스미스 투자 전략에 대해 말씀드리겠습니다."

"저는 오늘 여러분께 여름휴가를 가장 알차게 보내는 방법에 대해 말씀드리겠습니다."

3단계, 핵심 메시지 선언: 청중에게 신념의 마법을 건다

 들는 이들이 오래 그리고 선명하게 기억해주기를 바라는 가장 중요하고 핵심적인 메시지를 던지는 단계다. 전체 프레젠테이션의 길이에 상관없이 핵심 메시지 선언에 허용되는 지출예산은 50자/10초이다. 다음과 같이 "저는 ~라고 생각합니다" "저는 ~라고 믿습니다" "저는 ~라고 느낍니다" "저는 ~라고 봅니다"라는 템플릿을 사용한다. 메시지 문장의 목적은 주제에 대한 자신의 견해를 밝히는 데 있다.

 핵심 메시지 선언은 주제에 대한 자기주장이며 프레젠테이션 전체의 내용을 떠받드는 주춧돌 또는 밑그림의 역할을 한다. 그러므로 언제나 토픽 소개에 이어서 바로 나온다. 핵심 메시지는 아주 짧은 한마디여야 한다. 주제를 설명 또는 옹호하거나 예를 들거나 불필요한 말을 덧붙이는 무리한 방법으로 자신의 의견을 관철시키려 하면 그날의 프레젠테이션을 망치게 된다.

 좋은 핵심 메시지는 여러 가지 메뉴들을 서로 연결시켜 하나로 묶어주며 말하는 사람의 주장의 일관성을 유지시켜준다. 또한 주제에 대한 말하는 사람의 열정과 내공을 암시해주며 그날의 프레젠테이션이 장차 어떻게 전개될 것인지를 안내해주고 청중의 오해의 소지를 줄이거나 없애는 데 도움이 된다.

많은 사람이 프레젠테이션을 준비하다가 벽에 부딪치면 주제가 너무 어렵기 때문이라고 말한다. 그러나 실제로는 주제가 어려운 것이 아니라 주제에 대한 자신의 입장, 핵심 주장을 확고하게 결정하지 않았기 때문이다. 특히 자료가 너무 방대해서 정리가 안 된다고 말하는 사람의 경우는 더욱 그러하다. 혼란과 시간 낭비를 초래하지 않기 위해 프레젠테이션의 방향키가 될 인트로-토픽-핵심 메시지를 미리 결정해두어야 한다. 혹시 미흡하더라도 없는 것보단 낫다. 문제가 있으면 고치면 된다. 나탈리 로저스는 다음과 같은 사례를 들었다.

(인트로) 모두 아시겠지만, 저희 사장님은 아주 수완 좋은 사업가로 소문난 분이십니다. 어느 날, 한 젊은 보험설계사가 수줍어하며 저희 사장님 사무실로 들어왔습니다. 그 젊은이는 사장님 책상 앞에 머뭇머뭇 다가가더니 모기만 한 목소리로 "저기, 보험 드실 생각 별로 없으시죠?"라고 말했습니다.
이에 사장님은 "그렇소!"라고 퉁명스럽게 대답했습니다. 이에 당황한 듯이 젊은이는 "저도 그러실 거라 생각했어요."라고 풀이 죽은 듯이 말하고는, 문 쪽으로 발길을 돌렸습니다. 그런데 그때 사장님이 "잠깐만 기다려요!"라고 소리쳤습니다. "나는 이제까지 수많은 보험설계사를 접해 봤지만, 당신이 가장 최악이오. 당신에게는 자신감이 필요하오. 당신에게 할 수 있다는 자신감을 심어주기 위해서 내가 2억 원짜리 보험에 들어주겠소"라고 말한 후 사장님은 계약서에 서명을 했습니다.

"자네는 좀 더 훌륭한 영업 기술을 배워야 하지 않겠는가?"

그러자 그 젊은이가 대답했습니다.

"저는 고객별로 딱 맞는 영업 방법을 알고 있습니다. 제가 방금 쓴 방법은 사장님 같은 분들에게 가장 잘 들어맞는 방법이죠."

(토픽 소개) 오늘 저는 여러분께 고객을 사로잡는 접근의 비밀에 대해 말씀드리겠습니다.

(핵심 메시지 선언) 저는 답이 안 보일 때는 문제를 바꾸면 된다고 믿습니다.

4단계, 배경 설명: 인연을 말하며 다가선다

여기서의 배경이란 그날의 주제와 발표자 자신 사이의 인연, 아니면 자신이 속한 조직과의 인연을 말하는 것이다. 이것은 도입 부분이 끝나고 본격적인 내용 전개에 앞서 왜 그 주제를 선택했는지와 그 주제에 대해 말하는 데 자신이 왜 가장 적합한 사람인지, 청중이 왜 자신의 말에 귀를 기울여야 하는지를 알려주는 대목이다. 배경 설명에 대한 지출예산은 프레젠테이션의 전체 길이에 따라 달라진다. 대체로 전체의 10퍼센트 이하여야 하며 최대 90분짜리 강연일 경우에도 1,250자/5분을 초과하지 말아야 한다.

배경 설명은 청중에게 어떤 선택이나 행동을 하도록 권유하거나 설득하는 것이 아니라 청중과의 거리감을 좁혀가는 노력의 일환이다. 따라서 추상적인 설명이나 통계 수치를 내세우는 것은 바람직하지 않다. 오직 말하는 사람 자신 또는 자신이 속한 조직이 그날의 주제와 어떤 연결 고리를 가지고 있는지를 담담하게 설명하면 된다.

도입 과정이 끝나고 본론으로 들어가기 직전에 말하는 사람이 자신의 스토리를 꺼내면 청중은 친근감을 느낀다. 청중은 객관적 사실보다는 말하는 사람에 대해 더 알고 싶어 한다. 먼저 사람을 확인하고 그다음에 사실을 확인한다. 원만한 배경 설명은 프레젠테이션의 신뢰성과 권위를 강화시킨다. 배경 설명은 아주 쉽고 자연스러워야 한다. 그렇게 하기 위해서는 잘 개발된 템플릿을 활용해야 한다. 그러나 한 가지 중요한 포인트가 있다. 사람 이름, 장소 이름, 사건 이름 등 고유명사를 사용해야 한다. 해외여행이 아니고 일본 벳부 온천 여행, 미국 대통령이 아니고 미국 35대 존 F. 케네디 대통령, 중동 분쟁이 아니고 시리아 화학무기 사태라고 분명히 말해야 한다.

나탈리 로저스는 배경 설명을 세 가지로 나눈다. 첫째는 말하는 사람이 그날의 주제와 어떤 연관성을 가지고 있는지를 설명하는 개인적 배경 설명이다. 둘째는 자신이 속한 조직과 주제와의 연관성을 밝히는 조직적 배경 설명, 그리고 셋째는 그날의 주제의 역사적 경과를 설명하는 역사적 배경 설명이 그것이다. 조직적 배경 설명의 예는 다음과 같다.

(토픽 소개) 오늘 저는 여러분께 신선 상품의 포장비 절약 방안에 대해 말씀드리겠습니다.

(핵심 메시지 선언) 우리 회사 신선 상품의 포장비를 절약하기 위해서는 포

장재의 기능성이 관건이라고 생각합니다.

(배경 설명) 약 8개월 전, 우리 회사는 서울식품이라는 고객으로부터 포장재 납품가격을 20퍼센트나 낮춰달라는 요청을 받았습니다. 그렇게 되면 우리는 최소한의 제조 원가도 건질 수 없는 실정이었습니다. 그러나 우리는 당황하지 않고 신소재 개발에 관심을 기울이게 되었습니다. 마침 고분자 공학을 전공하는 연구실 직원이 박사학위 논문을 쓰다가 우연한 실험에서 획기적인 신소재 'Longer-Greener'를 발견하게 되었고 특허를 얻어 상품화하게 되었습니다. 개발의 성공을 위해서는 임상실험이 필요했고 서울제당의 협조도 필요했습니다. 게다가 우리는 가격 조정 폭도 15퍼센트로 해달라고 요청했습니다. 그 결과로 서울식품의 경우 매년 14억 원의 영업 이익 증가를 가져오게 되었습니다. 두 회사의 협력이 이뤄낸 성과입니다. 현재, 우리는 'Longer-Greener'의 계속적인 성능 향상에 진력하고 있습니다.

5단계, 메뉴 소개: 길을 보여준다

배경 설명이 끝나면 약 3초 동안 침묵한 뒤 곧바로 프레젠테이션의 핵심 쟁점이 무엇 무엇이라는 것을 알려주는 메뉴 소개로 들어간다. 메뉴 소개는 책의 목차처럼 프레젠테이션의 전체적인 요점을 청중에게 미리 간략하게 알려주는 것이다. 이때 소개되는 개별 쟁점은 앞에서 선언한 핵심 메시지를 몇 개의 항목으로 나누어놓은 내용이어야 한다. 핵심 메시지와 동떨어진 단어나 문구가 들어가지 않도록 각별한 주의가 필요함은 물론이고, 개별 메뉴 하나하나가 청중을 유혹하는 향기를 내

뽑도록 어휘를 선정하고 의표를 찌르는 표현을 찾아야 한다.

메뉴 소개에 할당되는 예산은 130자/30초이며, 예를 들면 다음과 같이 말할 수 있다.

> 오늘 저는 100세 시대를 살아가는 뉴 리치의 즐거움과 관련해서 다음과 같은 네 가지 요점을 다룰 것입니다.
> - 뉴 리치: 자유, 진정한 자유를 누리다.
> - 뉴 리치: 창조적 계급(Creative Class)을 형성하다.
> - 뉴 리치: 아름다운 고집, 위대한 스토리를 창조하다.
>
> 그리고 마지막으로는 '뉴 리치: 비전, 그 황홀한 열병에 빠지다'입니다.

쟁점 메뉴 소개는 프레젠테이션의 전체 시간이 아무리 길다 해도 다섯 가지를 넘기지 않는 게 좋다. 왜냐하면 사람의 손가락이 다섯 개이기 때문에 다섯 개까지는 웬만큼 잘 받아들이지만, 다섯을 초과하면 너무 많다는 불만이 생기며 더 이상 받아들이려 하지 않는다. 혹시 말하고 싶은 요점이 다섯 가지를 넘는다면, 넘는 부분을 묶어서 하위 제목으로 집어넣으면 된다. 또한, 가장 흥미로운 것을 제일 앞에 배치한다.

쟁점 메뉴들을 소개할 때는 첫째, 둘째 또는 1, 2, 3 하는 식으로 말하기보다 다음 요점으로 넘어갈 때마다 짧은 멈춤을 구사하고, 마지막 요점에 이르렀을 때는 "그리고 마지막으로"라는 말을 넣어주는 것이 바람직하다.

6단계, 개별 메뉴 서빙: 감동을 만끽하게 한다

개별 메뉴 서빙은 프레젠테이션의 본체에 해당하는 것이다. 메뉴 소개 다음에 나오며 핵심 메시지를 구성하는 각 개별 메뉴의 요점 또는 포인트를 상세히 풀어서 이해를 도모하고 강력한 자기주장을 펼쳐 청중을 설득하는 것이다. 질의응답을 제외하고 순수한 프레젠테이션의 총 시간이 20분이라면 인트로, 토픽 소개, 핵심 메시지 선언, 배경 설명, 그리고 메뉴 소개를 빼고 나면 메뉴 서빙에 할당되는 단어지출예산은 4,000자/16분 정도가 남는다. 그리고 중간에 잠시 멈춤 시간까지 감안한다면 3,500자/14분 정도가 된다. 이 범위 내에서 각 개별 메뉴에 필요한 만큼의 단어/시간 예산을 나누어주면 된다.

각 메뉴별 자기주장을 전개하는 가장 효과적인 방법은 역시 잘 개발된 템플릿을 이용하는 것이다. 템플릿을 이용하면 각 요점을 충실하게 다듬어서 전달할 수 있으며 도중에 이야기가 엉뚱하게 흐르지 않도록 통제할 수 있고, 생각이 막히는 것도 방지할 수 있다. 템플릿은 언제라도 새롭게 꾸며도 되고 메뉴별로 약간의 변화를 주면 같은 말이 반복된다는 느낌과 지루한 느낌을 덜 줄 수 있다.

여기서 다시 한 번 강조할 것은 개별 메뉴를 반드시 핵심 메시지와 연결시켜야 한다는 점이다. 개별 메뉴라는 것은 어디까지나 핵심 메시지를 풀어서 어필하기 위한 것이다. 구체적으로는 각 포인트마다 핵심 메시지를 최소한 두 차례 정도 반복 언급하는 것이다. 그러나 딱히 핵심 메시지가 들어갈 자리를 찾기가 어려울 때도 있다. 그렇게 되면 프레젠테이션이 핵심 주제에서 동떨어지고 있다는 의미다. 메뉴를 잘못 짠 것이다. 잘못 짠 메뉴는 고쳐야 한다.

하나의 메뉴가 끝나고 다음 메뉴로 넘어갈 때는 반드시 속으로 하나, 둘, 셋 정도까지 세며 공백을 두어야 한다.《토크파워》에 나온 예시를 보자.

(메뉴 소개): 오늘 제가 말씀드리고자 하는 다섯 가지 쟁점은
- 조직에 있어서 다운사이징의 철학
- 구체적 선정 과정, 즉 어떻게 접근할 것인가?
- 해고자에 대한 지원 대책
- 잔류인원의 감정처리 문제
- 그리고 마지막으로는 조직의 재건입니다.

(메뉴 서빙): …… 다음은 잔류인원의 감정처리 문제에 대해 말씀드리겠습니다. 요즘 남아 있는 직원들이 정리해고의 여파로 동요하거나 회사를 떠나는 일이 없도록 해야 한다는 것에 대해 많은 사람이 공감하고 있습니다. 예를 들어, 경영진 측에서 해고의 필요성을 충분히 납득시키지 않은 채 그냥 밀고 나가면, 잔류자들이 그 비극의 충격을 엄청나게 부풀려 버릴 수도 있다는 것입니다.

여러 가지 연구와 경험을 통해서 볼 때, 잔류인원들에 대해 충분히 배려를 하는 조직이 이 문제를 소홀히 다룬 조직보다 예전에 비해 월등히 빠른 성장률을 보인 것은 물론 아닙니다. 하지만 적어도 예전과 똑같은 수준으로 이내 돌아왔음을 알 수 있습니다. 게다가 그런 조직들은 다운사이징의 영향을 받은 사업 분야를 신속히 정리했습니다. 다운사이징의 부

작용을 최소화한 것이지요. 이를테면, 그런 조직에서는 직원들의 의견을 들어보고, 직원들이 효율적으로 대처할 수 있도록 하기 위해 공개토론회를 열기도 했습니다. 또한 발생 가능한 장애를 예측한 다음, 필요 불가결한 일이 아니면 추진하지 않았습니다. 이 때문에 사람들은 경영자 측이 남아 있는 직원들의 감정을 충분히 고려하고 있다는 것을 믿게 됩니다. 따라서 다운사이징으로 떠나는 사람들을 무마하는 것보다는 남은 사람들의 마음의 상처를 치유하는 것이 다운사이징의 부작용을 최소화하는 방법임을 알 수 있습니다.

7단계, 클라이맥스: 결단 촉진제를 투약한다

클라이맥스는 자기주장을 펼치는 마지막 쟁점 메뉴다. 그러나 클라이맥스는 프레젠테이션의 최종 결론이 아니고 마지막에 내놓는 쟁점, 여러 메뉴 중 하나다. 다만, 발표자의 핵심 주장을 청중에게 제시하여 설득을 시키는 마지막 기회이며, 핵심 메시지를 상기시킬 수 있는 마지막 단계이기 때문에 가장 강렬한 이미지를 심어줄 수 있는 메뉴를 선정할 필요가 있다. 뿐만 아니라 직접적이고 강렬한 어휘, 오감을 자극하는 생생하고 풍부한 시각적 묘사, 강력한 논조 등을 사용해야 한다. 클라이맥스에 이러한 요소들이 없으면 프레젠테이션 전체가 맥 빠지고 무미건조하여 그 효과를 기대할 수 없다. 특히 핵심 메시지가 역력히 드러날 수 있도록 문장의 구성에도 세심한 배려가 필요하다. 클라이맥스에 허용되는 단어/시간 예산은 20분짜리 프레젠테이션에서 메뉴가 만약 네 개라면 1,000자/4분이다.

저는 약 3년 전에 제주 바디마인드 요가센터의 심신 치유력을 경험할 기회가 처음 있었습니다. 그 당시에 저는 규칙적으로 심신 수련을 할 수 있는 방법을 찾고 있었습니다.

요가센터에 가기 전까지, 그곳에는 저와는 다른 사람이 있을 거라고 생각했습니다. 그러나 제 생각과는 달리 그곳에는 각양각색의 사람들이 모였지만, 모두 똑같은 것을 추구하고 있다는 사실을 알게 되었습니다.

예컨대 저와 함께 해변의 오두막을 사용했던 젊은 여성과 같은 분입니다. 그분은 광주 출신의 생화학 전문가로, 현재는 울산에서 일하고 있다고 했습니다. 그녀는 자신뿐만 아니라 심리분석학자로 일하는 어머니도 오랫동안 그 수련원을 이용하며 도시에서 지친 심신을 달랬다고 했습니다. 저는 그곳에서의 경험을 통해 나이와 상관없이 누구나 요가와 명상을 쉽게 배울 수 있으며, 일상생활에 적용할 수 있다는 사실을 깨달았습니다. 요가를 처음 배우는 사람들을 지도하신 분은 75세의 선생님으로, 끔찍한 비행기 사고로 불구가 되신 분이었습니다. 하지만 요가로 단련되어서인지 놀라울 정도로 몸이 유연하고 자세도 훌륭했습니다. 또한 그분은 허리 치료 전문가로서, 85세의 나이로 타계할 때까지 줄곧 사람들을 가르쳤습니다.

예전에, 저는 바닷가 갯벌에서 휴가를 보내거나, 유럽으로 여행을 가서 휴가를 취하곤 했습니다. 하지만 그런 것들은 바디마인드 요가센터에서 요가를 하고 난 후의 건강해진 느낌과는 비교도 할 수 없었습니다. 그래서 정신적인 건강과 육체적인 건강, 그리고 영적인 건강 모두를 위해 지난 3년 동안 줄곧 바디마인드 수련원에 다녔던 것입니다. 그 결과 제 건

강은 물론 제 삶의 질까지 현저하게 개선되었습니다.

심신 단련에 흥미가 있는 분들에게 제주의 바디마인드 요가센터와 함께 새로운 경험을 해보실 것을 권해드립니다. 그곳에는 토속적인 제주 음식과 싱싱한 산채 요리, 상쾌한 날씨, 아름다운 해변과 편백 향기가 제공하는 영적인 양식에 매혹된 멋진 사람들이 있습니다. 선탠로션만 가져오고, 담배, 술, 커피는 집에 놔두고 오십시오!

8단계, 클로징: 2대1 리드 상황에서 쐐기 골을 추가한다

클로징은 지금까지 펼쳐온 자기주장을 간략하게 요약하고 핵심 메시지를 다시 한 번 반복하는 마지막 단계다. 월드컵 축구에서 2대1로 앞선 가운데 종료 시간 4분을 앞두고 쐐기 추가골을 넣는 것과 마찬가지다. 끝이 아름다우면 모든 것이 아름답다는 말이 있다. 아무리 훌륭한 강연, 프레젠테이션을 했어도 클로징이 매끄럽지 못하면 전체를 망친 것이다.

클로징에 허용되는 단어지출예산은 프레젠테이션의 전체 길이와 상관없이 항상 250자/1분 이내다. 물론 핵심 메시지와 관련해서 별도로 강조하고 싶은 내용이 있을 경우에는 이를 넘길 수도 있지만 클로징이 너무 길어지면 청중은 속으로 '나도 알아, 이미 다 안다고!'라고 외치고 있을지도 모른다. 그러나 내용을 지나치게 많이 생략해서 요약하는 것도 금물이다. 무엇인가에 쫓기듯, 너무 갑작스럽게 끝난다는 느낌을 줄 수도 있기 때문이다.

클로징은 앞에서 언급한 자기주장을 요약해서 반복하는 정도에 그

쳐야지 추가로 새로운 정보를 더해서는 안 된다. 때론 자기주장을 요약하기보다는 적절한 시나 짧은 스토리, 또는 인용구로 클로징을 할 수도 있지만, 가장 무난한 것은 요약형 클로징이다.

클로징은 클라이맥스에서의 긴박함과 강렬함을 가라앉히고 톤과 표정을 바꾸어 침착하고 부드럽게 진행하는 것이 바람직하다. 다음은 바람직한 클로징 템플릿의 예다.

결론적으로, 저는 여러분들께 꿈을 현실로 만들기 위해서는 글로 쓴 구체적인 비전의 소유자가 되시기를 부탁드리고 싶습니다. 그 이유는 삶의 비전을 글로 쓰는 그 자체가 현재의 우리를 미래로 나아가게 하는 전진의 북소리이며 또한 출발 신호가 되기 때문입니다. 저는 여러분이 꿈을 현실로 만드는 노하우에 대해 나름의 신념을 가지게 되셨으리라 확신합니다. 꿈을 현실로 만드는 노하우에 관해 오늘 저는 다음과 같은 점을 말씀드렸습니다.

- 꿈을 날짜와 더불어 종이에 적으면 비전이 된다.
- 꿈을 이루기 위해서는 꿈을 이룬 사람을 만나야 한다.
- 꿈을 이루기 위해서는 꿈을 말해야 한다.
- 그리고 마지막으로 꿈을 이루기 위해서는 정기적인 자기 조직의 시간이 필요하다.

하지만 무엇보다도 중요한 것은, 꿈을 현실로 만든 대부분의 영웅들은 글로 쓴 구체적인 비전의 소유자들이었다는 사실입니다.

9단계, 질의응답: 조금 더 다가선다

때론 질의응답 때문에 오히려 핵심 메시지가 애매해지기도 한다. 맥 빠진 질의응답이 전체 프레젠테이션을 하나마나 한 것이 되게 만든다. 반면 지나치게 열띤 질의응답도 말하는 사람으로 하여금 멍해진 기분으로 회의실을 떠나게 한다. 갑자기 앞에서 열심히 프레젠테이션 한 사람을 얄팍하고 믿을 수 없는 사람으로 비춰지게도 한다. 그러므로 프레젠테이션을 질의응답으로 마무리하는 것은 바람직하지 않다. 질의응답 다음에 멋진 클로징이 이어져야 그런 모든 부작용들을 방지할 수 있다.

클로징, 즉 결론을 말하기 전에 미리 질의응답을 하면 앞에서 빠뜨렸던 부분을 다시 추스려 결론에서 보완할 수도 있다. 또한 청중 가운데 일부가 전체 내용에 대해 이의를 제기하거나 부정적인 반응을 보일 경우에도, 결론에서 그들을 제압하고 핵심 메시지를 또 한 번 못 박을 수 있게 된다.

> 혹시 질문 있습니까? …… 다음 질문 받겠습니다. …… 또 질문 있으신 분 계십니까? …… 이제 한 번만 더 질문 받겠습니다. …… 결론적으로…….

질의응답은 청중의 참여를 유도할 수 있는 절호의 기회이기도 하다. 성실한 답변은 말하는 사람에 대한 신뢰를 높여주고 자신의 주장을 더욱 더 강렬하게 심어주는 방편이다. 질의응답의 효과를 높이기 위해서는 되도록 많은 사람의 참여를 유도하되 한 사람당 하나의 질문만 받는 것이 바람직하다. 대답은 간결하게 하고 자신이 알고 있는 것을 다 보여주지 말고 강조할 점 한 가지만 말한다. 한 명과 여러 번 주고받는 것은 바람직하지 않으며 대답을 할 땐 질문자를 보지 말고 청중 전체를 향해서 말한다.

질문을 받았을 때 즉각 답변을 하지 말고 질문 내용을 반복하면서 확인하는 것도 중요하다. 그런 확인 과정은 답변을 위한 시간을 벌어주고 모든 청중이 질문 내용을 공유할 수 있게 하며 질문자에게 쏠렸던 청중의 시선을 다시 말하고 있는 사람에게로 돌리는 효과가 있다.

예상치 못한 날카로운 질문이 들어왔을 경우 반복 및 확인 과정은 충격으로부터 회복할 시간을 벌어준다. 답이 없는 질문은 없다. 미리 예상하고 준비하면 된다. 그래도 난처한 질문을 받았을 땐 대답을 다른 사람, 그곳에 있는 동료 또는 관계 전문가에게 부탁할 수도 있다.

악의적이고 공격적인 질문을 받았을 때는 "질문하신 내용은 매우 흥미로운 얘기군요"라고 말함으로써 그의 발언에 어느 정도 동조를 해주면서 대립각을 완화해주는 것이 바람직하다. 어떤 청중은 국회의원들처럼 질문을 빙자하여 자기주장을 늘어놓으려 한다. 그럴 땐 "질문해 주셔서 감사합니다"라고 큰 소리로 말하며 그의 말을 잘라야 한다. 그렇게 하지 않으면 주도권을 뺏길 수도 있다. 다만, 질문하는 사람이 사장이나 상사일 경우엔 조금 참을 수밖에 없다.

아무도 질문하는 사람이 없을 때는 아래와 같이 자문자답을 하는 것도 방법이다.

많은 분들이 제게 이런 질문을 하곤 했습니다. …… 그러면 저의 대답은 ……입니다. 또 다른 질문 있습니까? …… 또한 이런 질문을 하는 분들도 계십니다. …… 거기에 대한 저의 대답은 ……입니다.

전날 밤에서
시작하기 30분 전까지

듣는 이들은 앞에 나와 말하는 사람이 첫마디 입을 열기도 전에 이미 그 사람에 대한 이미지를 형성해놓았다. 자리에서 일어서서 마이크 앞으로 걸어가는 동안 청중은 저 사람이 풋내기는 아닌지, 믿을 만한 사람인지, 호감인지 비호감인지 여부를 결정한다. 첫마디를 시작할 때는 이미 그러한 판단이 끝난 다음이다. 싫든 좋든, 처음에 청중은 앞에 선 사람의 외모를 보고 판단한다. 일단 그렇게 형성된 이미지는 좀처럼 달라지지 않는다.

만약 눈은 충혈되고 피부는 잠을 못 잔 듯 푸석푸석하고 피곤하거나 무기력해 보이며 구겨진 옷에 손질되지 않은 구두를 신고 나타난다면 청중은 그런 사람의 말을 신뢰하기가 어렵다. 청중 중엔 무시당했다는 느낌마저 들었다며 화를 내거나 주최 측에 항의하는 사람이 있을지도 모른다. 항의를 받지 않기 위해서가 아니라 프레젠테이션의 목적을 달성하기 위해서, 전하고자 하는 메시지를 더욱 설득력 있게 전달하기 위해서, 말하는 사람은 프레젠테이션이 있기 전날부터 당일 예정 시간까지의 자기 조절에 각별히 신경을 써야 한다.

특히, 시간 조절이 핵심이다. 언젠가 부산에서 세계적인 연설가인 브라이언 트레이시와 함께 연설한 적이 있다. 그는 나보다 다음 순서였지만 나보다 두 시간이나 먼저 도착해 있었다. 전하는 바에 의하면 그는 예정 시간보다 세 시간 먼저 현장에 도착하는 것을 철칙으로 한다고 한다. 최소한 세 시간 전에는 현장에 도착해야 음향, 영상 장치, 조명, 좌석 배치, 실내 온도, 환기, 그리고 그날의 깜짝 이벤트에 필요한 준비 등을 점검하고 문제가 있을 때 해결책을 강구할 수 있기 때문이라고 한다. 그는 필요한 점검이 끝나고 남는 시간에는 현장에서 혼자 책을 보거나 손님을 만나는 모습이었다.

그 후론 나도 '한 시간 전 도착'을 원칙으로 삼고 있다. 가능하다면 하루 전 또는 이틀 전에 현장을 답사하는 것도 권할 만하다. 한 시간 전에 도착하여 회의실을 둘러보고 연단이나 마이크의 위치를 조정해놓으면 현장에 대한 막연한 두려움을 없앨 수 있다. 두려움이 적을수록 더 나은 프레젠테이션을 할 수 있음은 당연하다. 또한, 연단에 서서 잠시 후 벌어질 쇼를 생생하고 명료하게 이미지화함으로써 자신감을 가질 수 있다.

그뿐만 아니라 청중과 미리 만나서 대화를 나눌 수도 있다. 자신을 소개하고 그들과 인사를 나눈다면 프레젠테이션이 시작되고 난 뒤 그들은 당신을 친숙한 사람처럼 느끼게 된다. 말하는 사람도 심리적인 안

도감을 느낄 수 있다. 또한 그들에게서 강연에 활용할 수 있는 정보를 얻어낼 수도 있다.

전문가들은 프레젠테이션 전날에는 다음과 같은 자기 조절 행동이 필요하다고 충고한다.

1. 발표 전날에는 숙면에 도움이 되지 않는 커피나 차를 마시지 않는다. 그게 불가능하다면 양이라도 줄여야 한다. 담배를 피우는 사람도 개수를 줄이도록 노력한다. 비행기나 기차로 이동 또는 장거리 운전이 필요한 경우에는 그 전날 이동한다. 나는 언젠가 아침 여섯 시에 집을 나섰지만 공항으로 가는 길이 막혀 비행기를 놓치는 바람에 큰 실수를 한 적이 있다.

2. 전날 밤에는 평소보다 약간 이른 시간에 샤워를 하고 잠자리에 들어 복식호흡을 50번 정도 함으로써 숙면을 취하도록 한다. 불안감을 느낄수록 복식호흡과 이미지 트레이닝으로 심리적 안정감을 도모한다.

3. 잠자리에 들기 전에 내일 입을 옷을 미리 골라둔다. 야외가 아니라면 남성은 정장, 여성은 블라우스에 스커트 차림으로 잘 준비된 프로페셔널의 이미지를 구현한다. 비록 새 옷은 아닐지라도 주름이 없는 깨끗한 옷을 입는 것이 바람직하다.

4. 특히 옷의 컬러를 선정할 때는 현장의 물리적 환경도 고려해야 한

다. 무대가 따로 있는가? 밝은 조명등이 말하는 사람에게 포커스를 맞추는가? 강의실이 어두운 편인가? 교탁이 있는가? 어둑한 강의실이라면 밝은 색의 넥타이나 스카프로 주의를 끄는 방법을 모색해야 한다. 여성들은 간혹 빨강을 선택함으로써 좀 더 주의를 집중시킬 수도 있다. 그러나 장소가 너무 밝은 곳이면 약간의 톤 다운이 필요할 수 있다. 무대가 객석보다 현저히 높고 교탁이 없는 경우라면 여성은 스커트의 길이 조절에도 신경을 써야 한다.

그날의 메시지와 프레젠테이션의 목적 이미지에 부합하는 옷을 입고 나가면 말하는 사람은 한층 확실한 자신감을 가지게 된다. 또한 청중에게도 '저 사람은 언행이 일치되는구나' 하는 느낌을 준다. 탁월한 강사들은 이미지 연출을 통해 자신의 신뢰성과 전문성을 보여준다. 옷 선택의 성공은 프레젠테이션 성공의 디딤돌이다.

5. 프레젠테이션이 있는 당일 아침에는 평소 습관대로 행동한다. 매사에 서두르지 않도록 의식을 조절한다. 식사는 가볍게 하고 출근길에 뉴스를 듣지 말고 긴장을 풀어주는 부드러운 음악을 듣는 것도 바람직하다. 오직 프레젠테이션만을 생각하며 아무것도 하지 않는 것은 오히려 불안감을 키운다. 평소대로 운동도 하고 안부 전화도 하고 차분하게 행동한다. 스스로 들떠 있다고 느낄 때는 산책을 하거나 소량의 물을 마신다. 또한 빨리 걷지 말고 두뇌를 많이 사용하는 복잡한 일을 하지 않는다. 그래도 심장박동이 빠르다고 느낀다면 그럴 때마다 복식호흡으로 안정을 도모한다.

6. 당일 아침부터 발표 시간 30분 전까지 되도록 말수를 줄이고 뛰지 않으며 음식을 적게 먹고 평상시대로 행동한다. 사람들과 잡담을 하지 않으며 복잡한 일이나 심각한 논쟁을 피한다. 되도록 혼자 있는 시간을 많이 확보한다.

7. 발표 장소에는 일찍 도착할수록 더 좋지만 늦어도 한 시간 전에는 반드시 도착한다. 현장에는 반드시 현장의 문제가 있다. 문제를 해결하기 위해서는 시간을 확보해두어야 한다.

결코 용서받을 수 없는
실수 7가지

"강 교수님, 안녕하세요? 청소년 마을의 박 대표입니다."
"아, 박 대표님!"
"내일모레 9월 13일에 시작되는 강릉 드림페스티벌, 잘 준비되고 있습니다. 교수님 특강에 대한 기대가 대단합니다. 뵙게 되어서 감사합니다."
"어, 제가 특강이 있나요? 전 모르겠는데요."
"네에? 두 달 전에 이미 말씀드렸는데요. 9월 16일 오후 2시라고."
"어허…… 제 수첩엔 기록된 게 없는데, 그날은 오후 1시에 대전에 강의 약속이 있는데…… 어떻게 된 걸까요?"
"하아, 이거 큰일인데…… 어떻게 하지요?"

야구선수, 개그맨, 수술 집도 의사와 마찬가지로 강사도 실수를 한다. 강사가 범하는 실수에는 두 종류가 있는데 하나는 애교로 볼 수 있는 실수와 결코 범해서는 안 되는 실수이다. 위에 소개한 나의 일정 관리 실수는 결코 용서될 수 없는 것이었다. 간신히 한쪽 일정을 조정해서 위기는 모면했지만, 양쪽 다 조정이 불가능해지면 어떻게 할 것인가?

요즘 필자가 가끔 하는 실수는 PPT를 미리 시험해보지 않는 것이다. 물론 나는 시험을 해보고 싶지만 분위기가 그렇지 못한 경우가 더러 있기 때문이다. 일단 지정된 장소에 도착하면 담당자가 그곳의 책임자에게 안내를 해서 담소를 나눈 뒤에 다음 순서를 진행하는데, 그럴 경우 직접 테스트를 할 기회가 없게 된다. 물론 담당자는 준비가 다 되어 있으니 안심하라고 말한다. 그러나 막상 시작하려고 하면 작동이 잘 안 되는 경우가 종종 있다.

프레젠테이션에서 발견되는 대개의 실수는 그 실수가 얼마나 치명적인지를 잘 모르는 데서 비롯된다. 또한 아주 간단히 예방할 수 있는 것들인데도 방심해서 큰 문제를 일으킨다. 여기서는 별것 아닌 것 같지만 그것이 얼마나 중요한 것인지를 잘 몰라서 범하는, 결코 용납될 수 없는 실수들을 일곱 가지만 나열해보겠다.

1. 일찍 도착하지 않는 것: 프레젠테이션을 할 사람은 이유 여하를 막론하고 한 시간 전에는 현장에 도착해야 한다. 지각은 결코 용서받지 못한다. 그럼에도 지각을 하는 사람은 늘 있다. 아무리 프레젠테이션을 탁월하게 해도 지각을 하면 무용지물이다. 현장에 미리 도착해서 점검하고 심리를 안정시키지 않으면 결코 성공한 프레젠테이션이라 할 수 없다. 그러나 불가항력적인 사태로 지각이 불가피할 때도 있다. 그럴 땐

최대한 빨리, 그리고 긴밀하게 담당자와 연락을 취할 수 있어야 한다.

  2. 국어 책을 읽는 것: 청중은 말하는 사람과 눈을 마주치며 교감하기를 원한다. 국어 책을 읽듯이 하면 청중은 슬슬 자리를 뜨거나 시간 낭비라며 투덜대게 된다. 그런 말을 듣고 싶으면 청중을 보지 말고 오직 원고만 들여다보면 된다. 물론 원고를 외우는 것은 무리다. 어렵다. 그러나 생각을 외우는 것은 쉽다. 생각을 외워서 청중과 아이컨택을 하면서 토크를 이어갈 정도로 준비가 되지 않았다면 아예 미리 포기하라.

  3. 사람이 갑자기 돌변하는 것: 프레젠테이션을 한다고 해서 거창한 단어를 사용하거나 딱딱하게 웅변조로 이야기해야 하는 건 아니다. 그렇게 하면 억지로 꾸민 것처럼 들리게 되고, 대체 무슨 말을 하려는 것인지 아무도 알아듣지 못한다. 그뿐만 아니라 평소와 달리 사람을 대하는 태도가 돌변하는 사람도 있다. 그런 행동은 오히려 신뢰성을 떨어뜨릴 뿐이다.

  4. 부적절한 농담으로 시작하는 것: 품위가 있거나 요점을 설명하는 유머가 아니고 오직 자신의 익살과 재치를 뽐내기 위한 농담을 하면 청중은 프레젠테이션이 끝난 후 주최 측에 발표자로부터 무시 받았다는 항의를 한다. 특히 신체 특징이나 인종, 종교, 성에 관한 농담은 더욱 그렇다.

5. 큰 소리로 연습을 하지 않는 것: 미리 큰 소리로 읽어보지 않은 단어는 발음이 이상하게 들린다. 전문용어나 외국어는 반드시 정확한 발음을 연습해야 한다. 발음이 틀리면 프레젠테이션의 전체적인 품격과 신뢰성이 저하된다.

6. 예정된 시간을 넘기는 것: 배정된 시간을 초과하지 말아야 한다. 시간을 초과하는 것은 청중이 가장 용납하기 어려운 죄다. 혹시 주최 측 사정으로 늦게 시작한 경우에도 마치는 시간은 반드시 지켜야 한다. 이런 말도 있다. "강의를 짧게 하는 자는 복이 있나니 또 다시 초대를 받을 것이요."

7. 잘 보이지 않는 시각 자료를 이용하는 것: 시각 자료에 너무 많은 글을 집어넣지 말아야 한다. 너무 작은 글자를 사용해서 보기 어렵게 만들면 청중은 화가 날 수밖에 없다. 발표자가 하는 일은 정보를 전달하는 것이지 시력검사를 하는 게 아니다. 한 줄에 큰 활자로 두 세 단어만, 세 줄 이하로 적어야 한다. 그러나 이 모든 것보다 더 나쁜 것은 시각 자료를 미리 테스트해보지 않는 것이다.

07
백문·백독·백습, 프로 강사의 조건

소외와 불안 문제가 심화될수록 그들에게 힐링의 용기를 주고 새로운 희망을 갖게 하는 스토리 산업, 강연 산업이 최고의 성장 분야로 떠오른다. 앞으로는 발명 천재나 월가의 애널리스트처럼 스토리텔러, 프로 강사도 당당히 그들과 견줄 만큼 영향력 있는 인물로 떠오르게 된다. 요즘 이러한 추세에 발맞추어 너도 나도 프로 강사를 지향하고 있다.

그러나 프로 강사가 되기 위해서는 먼저 인생의 프로가 되어야 한다. 자신만의 독특한 영역에서 연속적인 작은 성취를 축적하여 하나의 브랜드를 형성하고, 그 다음에 강사가 되어야 한다. 하지만 대개의 경우 이 필수 과정을 생략한 채 곧바로 무대에 오르려 하기 때문에 성공 확률이 낮아진다.

이번 장에서는 프로 강사의 즐거움과 비전에 대해 논의해보고, 프로 강사로 가는 바람직한 로드맵을 당신과 함께 그려보고자 한다. 두려움과 망설임, 그리고 부정적인 생각은 쓰레기통에 넣고 꿈과 열린 마음을 가지고 모여보자. 당신에게 어울리는, 바람직한 미래가 당신을 기다릴지도 모른다.

박수 받는 즐거움, 프로 강사의 비전

나는 날마다 가슴이 두근거린다. 24시간 365일 가슴에서 북 치는 소리가 들려온다. 아침에 잠이 깨어 손가락과 발가락을 꼼지락거려보고 오늘도 여전히 멀쩡하다는 것이 확인된 순간부터 가슴이 뛴다. 왜냐하면 오늘도 어김없이 내가 이미 20년 전에 그려둔 그대로의 하루가 펼쳐질 것이기 때문이다.

    오늘도 어떤 강연장에 도착하면 누군가가 나를 안내하기 위해 기다리고 있을 것이다. 그럼 나는 다가서며 가볍게 알은척을 한다. 그는 환한 미소로 나를 맞아주며 자기를 소개하고 대기실로 안내하면서 나의 책과 오늘 강연을 들을 사람들에 관한 이야기를 꺼낸다. 그러면서 "이렇게 먼 곳까지 와주셔서 감사합니다"라고 말할 것이다. 이렇게 시작되는 그곳에서의 하루를 상상하면 그때부터 뭔가 보일 듯 말 듯한 경이로운 빛이 나를 이끌어가는 것 같은 환상에 빠진다. 가슴에서 '전진!'을 의

미하는 '쿵!' 하는 북소리가 들린다.

지적 성취의 환희에 전율한다

이윽고 강연이 시작된다. 나는 준비된 프로그램에 따라 스토리와 익살과 자료와 메시지 등을 연달아 풀어놓는다. 3분이 지나면서 사람들은 점점 내 이야기에 흠뻑 빠져든다. 때론 깔깔대고 때론 호기심 가득한 얼굴이 되고 때론 감동한 얼굴이 된다. 마침내 이야기가 클라이맥스에 도달할 때쯤 수십 수백 명이 내 얘기에 흠뻑 빠진 얼굴로 숨소리도 내지 않고 나를 응시한다. 환호와 갈채 속에 강연이 끝나면 함께 사진을 찍으려는 사람들과 사인을 받으려는 사람들, 악수를 하려는 사람들이 몰려든다. 그럼 그 광경을 또 사진 찍느라 부산한 주최 측 사람들의 신명난 표정……. 90분 강의에서 갈채와 환호의 소리가 들리는 시간 3분, 그 시간이 오늘도 나의 가슴을 고동치게 한다.

공항으로 가는 자동차 안에서, 비행기 안에서 내가 강연했던 도시를 내려다보며 감사의 기도를 드린다. 그러나 그걸로 하루가 끝나는 게 아니다. 집에 돌아와 이메일을 열면 수많은 사람들이 강의를 들은 소감, 책 읽은 소감과 함께 고맙다는 인사를 보내왔다. 하나하나 읽으며 그들에게 선물로 보내줄 책에 사인을 하면서 나는 또다시 감격하고, 다음엔 더 정성스럽게 준비하여 더 깊이 있는 강연을 하고 더 와 닿는 글을 쓰리라는 각오를 다진다.

그러곤 그날 했던 강연 파일을 연다. 슬라이드들을 하나하나 들여다보면서 그 장면에서 내가 어떤 소재를 사용하여 어떤 표정으로 어떤 톤으로 어떤 스피드로 이야기했었는지를 되짚어본다. 그리고 그때 사람들이 어떤 반응을 보였는지를 살펴본다. 그러면서 어떤 대목에서 긍정적인 반응을 보였고, 어떤 대목에서 지루해 했었는지를 체크한다.

또한 내가 예상한 바와 달리 반응이 별로 없었던 대목을 발견하면 즉시 그 부분을 아주 세밀하게 쪼개어서 다시 숙고한다. 그래서 소재가 잘못된 것인지 주장이 잘못된 것인지 표현 방법이 잘못된 것인지 명쾌히 드러날 때까지 끈질기게 그 부분을 반복해서 들여다본다. 그뿐만 아니라 내가 전혀 기대하지 않았던 대목에서 긍정적인 반응을 보인 사람들이 있었다는 사실을 발견해도 나는 그들이 그렇게 반응할 수밖에 없었던 이유를 끝까지 추적한다.

이렇게 되새김질이 끝나면 다음날 약속된 강연의 원고 파일을 꺼내 모든 정리된 생각들을 반영한다. 그러면 나도 모르는 사이에 새로운 아이디어가 떠오른다. 그렇게 관계 자료를 꺼내보고 책을 뒤적이고 하면서 보완하고 또 보완한다. 다음날 업그레이드된 강의에 더 많은 사람들이 더 진한 감동을 느끼게 될 것을 생각하면 그 모습을 빨리 보고 싶어서 그때부턴 잠이 오지 않는다. 어서 빨리 날이 새기만을 기다린다. 그러다 잠이 깨면 그야말로 설렘 가득한 새로운 아침이 시작된다. 오늘 새벽에만 그런 게 아니고 장소만 다를 뿐 어젠 서울, 그젠 부산에서 그랬고, 내일은 광주, 모레는 대구에서 그럴 것이다. 365일이 마찬가지다.

내가 이렇게 박수 받는 즐거움에 빠져 날마다 가슴 설레는 아침을 맞이할 수 있게 된 것은 '비전스쿨'에 20년 이상 집중해왔고, 그래서 그

분야의 프로가 되었기 때문이다. 나는 탁월하거나 심오한 지식의 소유자가 아니다. 해외 유학을 하거나 고시에 패스한 적도 없다. 게다가 대인 관계가 그렇게 화려한 편도 아니다. 자본도 없었다. 그런데 어떻게 그런 지적 환희를 맛볼 수 있는 프로가 되었을까?

아주 간단하다. 프로가 되겠다는, 이 한 분야에서는 최고라는 말을 들어야겠다는 결심이 있었기 때문이다. 그런 결단이 있었기 때문에 거의 20년 가까이 하나의 키워드에 집중했다. 처음 시작한 그때가 48세였던가, 그때부터 그 키워드에 하루에 열 시간 이상, 지금까지 총 6만 시간 이상을 집중적으로 쏟아부었다.

나는 비록 얄팍하고 보잘 것 없어 보일망정 나름의 독서와 수많은 경험을 통해 얻은 지식과 노하우 덩어리들을 모아서 '비전스쿨'이라는 하나의 꼬치에 죽 꿰어놓고, 그것을 갈고 다듬다 보니 그 분야의 프로라는 소리를 듣게 되었다. 그래서 이렇게 날마다 감동적인 아침을 맞이하게 된 것이다. 그러니까 만약 하나의 전문 분야에 20년 이상 종사해왔다면, 그리고 내가 했던 것처럼 한다면, 누구나 마음만 먹으면 프로페셔널이라는 소리를 들을 수 있다.

하나의 전문 영역에서 10~20년 이상의 노하우를 축적한 베테랑이, 충분한 시간을 가지고 자신만의 키워드 꼬치에 계속적으로 새로운 지식 덩어리들을 끼우고 오래된 것은 빼내고 경험 데이터로 색칠을 하고 열을 가하고 냉각시키고 배열을 변경하고 새로운 구조와 획기적인 디자인을 도입하노라면, 새로운 발상과 아이디어들이 번득이기 마련이다. 그 아이디어들을 실제 강연이나 작품, 상품이나 설계 등에 적용하면

성과를 얻게 된다. 그때의 즐거움, 그 지적 환희를 어찌 말로 표현할 수 있을 것인가?

감동을 창조하는 예술의 진짜 매력

나의 일터는 강연장, 무대다. 일상적인 모든 것들로부터 차단되어 긴장감과 기대감이 교차되는 색다른 분위기 속에서 다소곳이 고개를 숙이고 나를 기다려준 마이크의 말없는 환대, 호기심 가득한 눈으로 나를 바라보는 청중의 잔잔한 미소, 온갖 꽃다발에서 나는 냄새가 나를 들뜨게 한다.

그리고 나는 무대에만 오르면 특유의 성공 냄새가 난다. 돈, 명예, 인기 그런 것들을 쟁취하는 성공이 아니라, 비록 소박할망정 자기 나름의 소중한 가치를 품고 그 가치를 실현하기 위해 작은 목표들을 하나씩 성취해나가는 성공, 그런 성공을 꿈꾸는 사람들에게서만 나는 특유의 향기이다.

나에게 강연은 돈을 벌거나 봉사활동을 하는 수단 정도의 의미를 훨씬 뛰어넘는 것이다. 강연은 이루 말로 표현하지 못할 만큼의 매력을 갖고 있다. 무대에 오르는 그 순간은 내가 세상에 조금이나마 쓸모 있는 인간이라는 것을 확인시켜주는 최고의 순간이다.

처음 본 사람들과의 스스럼없는 상호교감, 유머와 익살과 엔터테인먼트, 그리고 드라마 같은 감동, 이런 것들이 나를 계속 강연 연단에 서게 만든다. 묻고 대답하고, 눈빛으로 말 그 이상의 소통을 확인하고, 울다가 웃고, 물 흐르듯이 흘러가는 감정의 흐름을 통해 강사와 청중은 어느덧 한통속이 된 듯 친밀감을 느낀다.

그러나 이런 것들은 표면적으로 느껴지는 매력일 뿐이다. 내가 느끼는 강연의 진정한 즐거움은 거부감과 불신이 역력한 분위기를 반전시켜 적극적인 공감과 참여를 이끌어냈을 때 얻는다. 그래서 강연이 끝나고 다가와 "선생님, 명함 한 장 주시겠습니까?" 하는 말 속에서 진솔함과 굳건한 결의를 확인했을 때, 그 후 6개월이나 1년이 지난 다음 자신은 언제 어디서 강의를 듣고 무엇을 결심했으며 무엇을 실천하여 어떻게 변화된 삶을 살게 되었다는 연락을 받았을 때, 그 짜릿하고 터질듯이 벅찬 가슴을 어떻게 표현할 수 있을까?

강사와 청중이 한마음으로 웃고 울며 무엇을 바라는지, 어디로 갈 것인지, 무엇부터 시작할 것인지를 함께 확인하고, 어깨동무를 하거나 2인3각으로 다리를 묶고 함께 뛰기로 결심하는 순간, 낙담과 포기의 심정이 희망과 열정으로 승화되는 것을 확인하는 순간, 강연의 가장 매력적이고 찬란한 순간이 펼쳐진다.

그 어떤 지적 활동에서도 이런 즉각적인 반전의 스릴을 느낄 수는 없을 것이다. 그 미묘한 감정 변화의 카타르시스는 무엇과도 비길 수 없다. 강연에서 경험할 수 있는 이런 감동과 보람은 결코 다른 것을 통해 맛볼 수 있는 것이 아니다. 그것이 바로 나로 하여금 날마다 무대에 오르지 않고는 배길 수 없게 하는 이유이다.

어떤 사람은 골프장에서 버디를 잡았을 때의 짜릿함을 말한다. 어떤 사람은 수상스키나 윈드서핑의 시원함을 말한다. 어떤 사람은 술 한 잔을 나누며 문학작품이나 시국에 대해 담론하는 즐거움을 말한다. 어떤 사람은 낯선 곳을 여행하며 새로운 자연과 사람과 문화를 경험할 때의 설렘을 말한다. 그러나 실의에 빠진 사람은 새로운 소망을 발견하도록 돕고, 닫힌 사람은 열리게 돕고, 긍정적인 사람은 적극적인 사람으로 성숙하게 돕는 강연이야말로 내게 세상에서 그 무엇과도 비교할 수 없는 가슴 벅찬 일이다. 감동을 창조하는 예술로 이만한 것이 없다.

행복의 바이러스를 전파하는 즐거움

나는 대전의 H대학교에서 대학생들을 대상으로 삶의 비전과 셀프리더십에 관한 특강을 자주 했다. 언젠가 그때 강의를 들은 학생 중 한 명이 두툼한 종이뭉치가 들어 있는 소포를 보내왔다. 열어보니 한 장의 편지와 함께 여러 장의 콘도 이용권이 들어 있었다. 편지를 읽으며 나는 행복한 미소를 짓지 않을 수 없었다.

그는 군을 제대하고 4학년에 복학했는데 도무지 졸업 후의 진로가 보이지 않아 고민하고 있었다고 한다. 그런데 나의 특강을 듣고 자기 자신을 발견하게 되었고, 그때부터 정신을 차려 열심히 공부하고 노력했다고 했다. 결국 지금은 한국에서 꽤 유명한 레저 회사에 입사해 즐겁게 일하며 보람된 나날을 보내고 있다고 한다. 그래서 감사의 마음으로 편지를 쓰게 되었고 콘도이용권을 선물로 함께 보낸다는 내용도 적혀 있었다.

마침 여름방학이 다가오고 있어서 가족들과 여행이라도 한번 다녀오고 싶은 마음이 있었는데 덕분에 그해 여름은 설악산과 동해안에서 즐거운 한때를 보낼 수 있었다. 그러나 그보다 감동적인 건, 그런 따뜻

한 선물을 보내고 싶다는 마음이 생길 만큼 그 학생이 나에게 고맙다는 생각을 했다는 사실이다.

강의를 듣고 무언가 문제의식을 가지기 시작하여 고민에 고민을 거듭하다가 드디어 확고한 비전을 발견하고, 그것을 이루기 위한 액션플랜을 만들고 그것을 실행으로 옮겨 삶의 변화를 일으키고 그런 변화의 결과로 행복해졌다는 소식을 듣는 순간, 나는 말로 형용할 수 없는 뿌듯함을 느꼈다. 내 안에 있는 비전의 바이러스를 사람들에게 전염시켜 그들도 나처럼 비전의 열병에 빠지게 한다는 것이 바로 이런 것이로구나, 하는 것을 실감하게 한 경험이다.

아크릴 가공제품을 생산하는 한들홀딩스의 손 대표는 2007년 강의를 듣고, 들은 바 그대로 다이어리에다가 자기는 어떠한 가치관을 품고 살아가는 사람인지를 구체적으로 기록했다. 그리고 자기가 보는 이 시대의 최대 문제점은 무엇이라는 것, 그래서 자기가 만들고 싶은 세상은 어떤 세상이라는 것, 그리고 그런 세상을 만들기 위한 자기 삶의 메인 프로젝트는 무엇이라는 것을 자기만 보는 노트에다 상세히 기록했다. 마지막으로 거기에 적힌 비전을 성취하기 위해 날마다 실천해야 할 일들을 적어두었다. 그리고 그것들을 체크 리스트로 체크해가며 열심히 실천했다.

그러자 생활의 패턴이 근본적으로 바뀌었다. 규칙적인 독서와 운동을 시작했고 다니지 않던 교회도 나가기 시작했다. 개인생활뿐만 아니라 경영스타일에도 변화를 가져왔다. 혼자 북 치고 장구 치는 형태의 경영방식을 버리고 모두가 작은 경영단위의 주인이 될 수 있는 기회를 제공하기 시작했다. 그리고 모든 직원들로 하여금 반드시 나의 비전 특강을 듣도록 했다.

사실 손 대표는 사업에는 뜻이 없어 대학을 졸업하고 대기업에서 전문 영역을 구축해 나가는 일에 몰두해 있었다. 그러다가 부친의 뜻을 거역할 수가 없어서 억지로 직원 150명에 연매출 200억 규모의 사업체를 30대 중반의 나이에 물려받았던 것이다. 그래서 뚜렷한 의욕이나 비전을 갖지 못한 채 하루하루를 보냈는데, 강의를 듣고 생각을 바꾸어 오늘날의 모습이 되었다.

많은 사람들이 강의를 듣고 직업을 바꾸었고, 어떤 사람은 자살 결심을 접었다. 어떤 학생들은 강의를 듣고 질풍노도의 방황을 끝내고 비전을 세워 미국과 호주와 캐나다에 가서 공부를 하며 미래를 준비하고 있다.

발 없는 말이 천리를 간다는 속담이 있지만 말에는 힘이 있다. 이런저런 소문을 듣고 세계 곳곳에서 휴가차 혹은 출장차 한국에 들렀다가 강의를 듣고 간다. 그리고 들은 것을 그곳의 사람들에게 전하여 많은 간접 수강자들까지 변화가 일어났다는 소식을 전해주기도 하고, 그곳 사람들이 의견을 모아 나를 초청해 강연을 듣는 경우도 많다. LA와 뉴욕, 자카르타, 칭다오, 상하이, 타지키스탄, 튀니지에 다녀온 적도 있다.

선배 세일즈맨의 '정상에서 만납시다'라는 강의를 듣고 자신도 정상의 세일즈맨이 될 수 있다고 생각을 바꾼 젊은 실패자 지그 지글러

(Zig Ziglar)는 최고의 세일즈맨이 되어 《정상에서 만납시다》라는 세계적인 베스트셀러를 내놓았다. 앞서 말했지만, 1920년 올림픽 육상 100미터 챔피언 찰리 패덕의 강의를 들은 제시 오언스는 1936년 올림픽 육상 부문 4관왕이 되었고, 제시 오언스의 강의를 들은 해리슨 딜라드는 1948년 올림픽의 100미터 금메달리스트가 되었다.

강사인 나로서는 수강자들의 성숙이 나의 성숙이며 그들의 성공이 곧 나의 성공이다. 그들이 행복해지면 나도 덩달아 행복해진다. 강연을 통해 행복 바이러스를 퍼트리는 것을 직업으로 삼은 것은 너무나 탁월한 선택이었다.

진정한 자유와 풍요함을 누리는 삶

앞서 이미 언급한 바 있는 밥 파이크의 창의적 교수법 세미나에 관한 또 다른 이야기가 있다. 그의 세미나는 S여대 강당에서 진행되었는데, 아침 8시에 시작해서 저녁 8시에 끝이 났다. 강사는 밥 파이크 혼자였는데 그날 내가 본 바로는 약 1,000여 명 정도가 참석한 것 같았다.

그 세미나의 참가비는 1인당 40만 원이었다. 1,000명이 40만 원씩 내면 4억이다. 그중 절반을 주최 측 비용으로 공제한다 하더라도 강사의 그날 보수는 2억이 넘을 것이다. 하루 수입이 2억이다. 물론 그가 한국까지 날아와서 관계자와 접촉하고 여러 가지 사전 준비를 하는 시간도 만만치 않았을 것이다. 그러나 그가 한국에 와서 세미나 또는 강연을 딱 한 번만 한 것도 아니다. 그렇게 보면 그는 한국에 와서 1주일 동안 머물면서 약 3억 정도의 수입을 올린 것으로 추측할 수 있다.

아마 그는 그 다음 주 다른 나라에서 또 비슷한 수입을 올렸을 것이다. 그렇게 1년에 30회만 거듭한다면 그는 해마다 100억 정도의 수입을 올릴 수도 있다는 계산이 나온다. 물론 그가 해마다 몇 번이나 그런 행사를 갖는지는 잘 모른다.

그러나 한 가지 분명한 것은 그에게 돈이란 것은 전혀 문제가 되지 않는다는 사실이다. 그는 단지 가고 싶은 곳에 가서 하고 싶은 일을 하고 즐기고 싶은 것을 즐기기만 하면 된다. 그렇게 경험을 쌓는 중에 접하는 모든 것이 다시 새로운 콘텐츠를 만들어가는 소재가 되고 활력이 된다.

그러니까 그에게는 노는 것도 버는 것이고 버는 것도 노는 것이다. 일과 놀이의 구분이라는 것이 필요하지 않으며 어쩌면 불가능한 것일지도 모른다. 요컨대 그는 완전한 시간적 경제적 정신적 자유를 누리면서 살아가는 셈이다. 강사가 되려는 모든 사람, 아니 숨 쉬는 모든 사람의 소망인 자유, 그것을 그는 누리며 살고 있다.

도널드 트럼프는 2007년 부동산 투자에 관해서 17회에 걸친 세미나를 개최했는데 그 참가비는 1인당 150만 달러, 그러니까 당시 환율로는 17억이 넘었다. 트럼프의 실제 강의 시간은 매회 한 시간이다. 그에게 17시간 강의 듣는 데 17억, 그러니까 참가자들은 한 시간 강의 듣는 데 1억을 냈던 것이다.

로널드 레이건은 1989년 일본의 한 기업으로부터 초청을 받고 일본 전역을 순회하며 대통령으로서의 경험과 인생의 경험에 대해 강연을 했는데 그가 받은 보수는 매회 100만 달러였다. 토니 블레어 전 영국

수상은 61만 달러, 빌 클린턴은 45만 달러, FRB 의장을 지낸 앨런 그린스펀은 25만 달러를 받았다.

그런 세계적인 명사가 아니라면 어떨까? 미국의 경우 하나의 전문 분야에서 나름의 경험과 명성을 쌓은 대부분의 프로 강사들은 달마다 15,000달러, 연 18만 달러를 번다고 한다. 미국 강사협회(NSA) 회원 중 약 2.6퍼센트 정도는 연 100만 달러의 수입을 올린다고 한다.

한국의 경우는 어떨까? 강사의 스펙에 따라 천차만별인 것은 미국이나 한국이나 다를 바 없다. 강의료는 한 번 강의에 10만 원에서 500만 원 사이다. 오직 자신의 노력 여하에 따라 윤택한 삶을 살 수도 있고 그렇지 못할 수도 있다. 다만, 누구에게나 가능성은 열려 있다는 것이 중요하다. 특별히 출중한 업적이나 명성이 없다 할지라도 비전을 품고 열정을 쏟아 부으면 진정한 자유와 풍요를 누릴 수 있다는 것은 확실한 사실이다.

그러나 지금 이 책을 읽고 있는 대부분의 독자는 보수에 대한 관심이 1순위는 아닐 것이다. 금전적 보수보다는 무형의 보상, 감동을 창조하는 예술 행위의 즐거움을 위해 프로 강사가 되기를 꿈꾸고 있으며 금전적인 것은 자연히 부수적으로 따르는 것이라는 생각을 하고 있으리라. 나 또한 그런 생각과 태도가 전적으로 옳은 것이라고 생각한다. 실제로도 그렇게 해왔고 말이다.

결정적인
하나의 키워드로 승부한다

내가 해온 대부분의 강연 제목은 '꿈을 현실로 만드는 사람들'이거나 '가슴 뛰는 삶', 혹은 '리더, 꿈을 판매하는 상인', 'Mom CEO, 꿈을 잉태하는 리더' 등이었다. 강연의 제목은 행사 주최 측의 요청이나 상황에 따라 조금씩 달라지기는 했지만 어디서 누구에게 어떤 형태의 강연을 해도 그 핵심을 하나의 단어로 요약하면 '비전'이었다.

강연뿐만 아니라 내가 쓴 모든 책이나 칼럼들에서 관통하는 키워드 역시 '비전'이었다. 그래서 나의 이름을 기억하는 대부분의 사람은 "아, 그 강 교수, 비전 특강"이라고 말한다. 강연을 하러 가면 어떤 사회자는 나를 소개할 때 '비전 멘토'라고 부르기도 하고, 어떤 사람은 '비전 전도사'라고 지칭한다. 그래서 결국 '비전'이라는 단어는 내 이름 뒤에 따라 붙는 자연스러운 꼬리표가 되었으며, 나만의 트레이드마크가 되었다.

20년을 파고든 단 하나의 키워드

사실 비전이라는 단어는 내 삶의 운명적인 키워드다. 내가 비전이라는 단어와 인연을 맺게 된 것은 멀게는 고등학교 때부터다. 그러나 나는 한동안 단어를 잊고 살았다. 고등학교 졸업 후 대학을 거쳐 군대를 다녀오고 취직을 하고 결혼을 하고 먹고 살기 위해 이 직장 저 직장을 전전하다가 아이를 낳고 주식 투자를 했다가 말아먹고는 이사를 다녔다. 어느 가을 날 청평의 한 강가를 배회하다 나 자신을 찬찬히 살펴보니 나이는 마흔다섯, 1남 2녀의 아버지, 무주택 전세살이, 지갑엔 3만원도 채 안 들어 있는 빈털터리 신세였다. 갑자기 다리에 힘이 풀리며 그 자리에 주저앉았다. "도대체 내 신세가 왜 이렇게 되었을까? 어디서부터 잘못된 것일까?"

나는 견딜 수 없는 낭패감과 자괴감에 시달렸다. 그런데 불난 집에 부채질하는 사건이 생겼다. 모임에서 한 후배를 만났는데, 학교 다닐 때는 잘난 척 꽤나 하더니 지금은 사는 꼴이 그게 뭐냐? 동기들 중에 선배만큼 못난 사람도 없다, 쪽팔리지도 않냐는 말을 들은 것이다. 그 말을 듣는 순간 나는 정신이 번쩍 들었다. 오기가 발동했다.

그날부터 나는 나와 주변을 진지하게 살피기 시작했다. 현재를 들여다보고, 미래를 옳게 내다보기 위해 자기계발에 대한 책을 읽었다. 많은 책을 읽었지만 특히 폴 마이어(Paul J. Meyer)의 퍼스널 리더십에 관한 교육 프로그램에 심취했고, 거기서 "글로 쓴 구체적인 목표"라는 구절을 보고 무릎을 쳤다. "맞아, 바로 그거야, 내겐 그것이 없어." 그리고 내 나름대로의 생각을 반영하여 그 문장을 "글로 쓴 구체적인 비전"이라고 바꾸고, '비전' '글로 쓴' '구체적인', 이 세 개의 단어를 파고들기 시작했다. 약 1년에 걸친 고민 끝에 '글로 쓴 구체적인 비전'을 담은 하나의 문장을 완성했고, 그러면서 도달한 결론이 비전스쿨이었다.

수원에 비전스쿨을 열고 나 자신의 비전을 바로 세우고 성취하기 위해, 그리고 학생들을 올바르게 가르치기 위해 비전에 대한 자료를 모으기 시작했다. 지난 20여 년에 걸쳐 천 권이 넘는 책을 사들이고 비전과 관련된 책 속에 파묻혀 살아온 것이다.

나중엔 학생들을 조금 더 체계적으로 가르치기 위해 수집된 자료들을 정리하여 한 권의 책을 만들었는데, 그것이 예상 외의 반응을 일으켜 여기저기 불려 다니다 보니 어느덧 비전 특강 분야의 프로 강사가 되었다. 내 삶의 숙명적인 키워드, 비전이 강연분야에서 나의 트레이드마크가 된 것이다.

나를 가슴 뛰게 하는 키워드는 무엇인가

우리는 리더십이란 단어를 보면 워렌 베니스를 떠올린다. 성공 습관이란 말은 스티븐 코비를, 자기 안의 거인이란 말은 앤서니 라빈스를, 그리고 세일즈맨십이란 말은 지그 지글러나 브라이언 트레이시를 연상하게 된다. 한국의 경우 '자기 경영' 하면 공병호를, '힐링' 하면 혜민 스님을, 그리고 '청춘' 하면 김난도를 떠올린다. 물론 '비전' 하면 나를 떠올리는 사람들도 있다. 바로 이런 단어들이 트레이드마크이며 삶의 키워드다.

감동을 전하는 명강사의 반열에 오르기 위해선 반드시 자기만의 핵심 키워드가 있어야 한다. 자신의 인생을 단 하나의 단어로 요약한다면 그것은 무엇인가? 리더십, 비전, 꿈, 열정, 관계, 배려, 존중, 정직, 용기, 도전의식, 여행, 음악, 웃음, 힐링, 정약용, 이순신, 베토벤, 피카소, 미켈란젤로, 화술, 이미지, 세일즈, 상담, 학습, 독서, 육아 등 그 어떤 것이든 상관없다.

다만 그 키워드는 인생을 함축할 수 있고 언제나 가슴을 뛰게 하며 20년 이상을 투자해도 아깝지 않을 만큼 결정적이고 운명적인 것이어야 한다. 결말이 어떻게 나든 그 키워드를 붙들고 있다는 사실 자체만으로도 가슴이 설레야 한다. '검은 독거미'라 불리는 자넷 리는 포켓볼 큐만 잡고 있으면 모든 잡념이 사라지고 공에만 몰두하게 된다고 말한다. 오로지 공만 노려보며 호흡을 가다듬고 집중해서 치는데, 이어서 공들이 부딪치는 소리가 들리면 자신이 그린 바대로 공들이 춤을 추고 있고, 그 모습을 보고 있노라면 형언할 수 없는 즐거움에 빠진다고 한다.

하면 할수록 더 재미가 있고, 하지 않고는 배길 수가 없어서 또 하고, 그러다 보면 어느새 실력이 더 늘고, 실력이 느는 재미 때문에 더 하고 싶어지는 그런 일이어야 한다. 그리고 그 결과로 나 혼자만 행복한 게 아니라 다른 사람들에게도 그 행복의 바이러스를 전염시킬 수 있는 것이어야 한다. 그 키워드만 생각하면 기분이 저절로 좋아지고 모든 걱정거리가 다 사라지고 온몸에서 변화가 느껴지는 것이 바로 자기에게 딱 어울리는 키워드다. 그런 키워드로 당신의 트레이드마크를 삼아라.

키워드의 세 가지 조건

일단 핵심 키워드를 한번 정했으면 결코 옆을 두리번거리거나 뒤를 돌아보지 말고 곧장 앞으로만 나아가야 한다. 그렇게 할 수 없는 '그저 그런 키워드'라면, 그것은 나에게 꼭 맞는, 나에게 딱 어울리는 키워드가 아니다. 그렇다면 내가 선택한 키워드가 정말 일가를 이룰 만한 가능성이 있는 것인지 아닌지, 그리고 가치 있는 것인지를 판단할 수 있는 기준은 무엇일까? 다음과 같은 세 가지 조건을 충족시키면 된다.

첫 번째 조건은 '자기다움'이다. 자기 삶의 테마, 만들어가고 싶은 세계, 가치관, 사고방식과 행동거지, 취미와 취향, 축적한 지식과 기술과 노하우, 고유의 강점 등을 최대한 반영하는 것이어야 한다. 다른 사람도 나처럼 할 수 있고 나보다 더 잘하는 사람도 많긴 하지만, 내가 하면 더 독특한 감칠맛을 낼 수 있는 그런 단어라야 한다. 남이 아니고 나이기 때문에 탁월함과 새로움을 구현할 수 있는 것, 내가 정말 즐길 수 있고 잘할 수 있는 것이어야 한다.

두 번째 조건은 '시대성'이다. 시대의 트렌드를 읽고 시대의 갈증을 풀어줄 수 있는 그런 것이어야 한다. 아무리 독특하고 탁월한 내용이라도 시대의 흐름에 맞지 않는다면 그 누구에게도 감동으로 다가가지 못한다. 세상을 많이도 말고 딱 반 박자 정도 앞서 가면서 세상이 필요로 하는 것들을 준비해주는 그런 단어여야 한다. 너무 많이 앞질러 가지도 않지만 지나치게 목전의 현상에만 집착하지도 않는, 시대감각에 맞는 단어를 선택해야 한다.

세 번째 조건은 '대중성'이다. 몇몇 특수한 사람들에게만 필요한 것이면 굳이 프로 강사를 부를 이유가 없다. 그 분야 전문가가 필요할 뿐이다. 되도록 남녀노소나 학력 지위의 높고 낮음에 상관없이 누구나 다 필요로 하고 관심을 가지는 그런 것이어야 한다. 그렇지 못할 경우 일 년에 열 번 이상 초청받기도 어렵다.

뇌에 지식 가공 장치를
설치한다

프로 강사가 되기를 결심한 당신, 그래서 삶의 숙명적인 키워드를 선정하고 그것을 트레이드마크로 삼기로 결정했다면, 이제 당신은 그 키워드에 관한 것이라면 직접적인 관련이 있거나 간접적인 관련이 있거나 무조건, 모르는 것이 없는 사람이 되어야 한다. 그러자면 이제 당신의 뇌에 지식 가공 장치(Knowledge Processor)를 설치해야 한다.

지식의 빅뱅을 일으키는 장치

수소폭탄이 핵반응을 일으키기 위해서는 모두 일곱 개의 원소 봉이 필요하다. 그런데 여섯 개의 원소 봉을 집어넣을 때까지는 원자로 안에서 아무런 변화도 일어나지 않는다. 그러다가 일곱 번째 원소 봉이 들어가면 비로소 핵반응이 일어나면서 어마어마한 에너지가 분출되어 나오기 시작한다. 이처럼 핵반응을 일으키는 수소 봉의 일정한 양을 가리켜 '임계질량'이라고 한다.

 프로 강사가 되기 위해서는 책을 읽어야 한다고들 말한다. 너도 나도 이 말에 용기를 얻어 책을 읽는다. 그러나 스타 강사가 되는 사람은 왜 극소수에 지나지 않을까? 그들은 책을 읽는 태도의 임계질량, 방법의 임계질량, 양과 범위의 임계질량을 돌파하지 못했기 때문이다. 프로 강사가 되는 데 필요한 지식의 임계질량은 자신의 전문 분야와 관련된 양서를 자신의 말과 글로 재구성하고 재집필할 수 있을 만큼 정확하게 읽되 최소한 500권 이상을 읽는 것이다.

지식에 생명을 불어넣는 장치

 당신이 책을 읽거나 강의를 듣고 "좋은 프레젠테이션을 만들기 위해서는 가설사고를 해야 한다"는 것을 알았다고 하자. 그리고 그것이 매우 유익한 지식이라는 생각이 들었다고 하자. 그래서 오래도록 기억하고 있다고 하자. 그러면 그 지식은 죽은 지식이다. 그러나 당신이 스무 번 넘게 프레젠테이션을 하면서 계속 가설사고를 도입해본다면 처음에 그 방법을 사용했던 사람이 발견하지 못했던 무엇인가를 발견하게 된다. 그러면 새로운 지식이 탄생한 것이다. 즉, 지식이 지식을 잉태한 것이다. 당신이 지식에 생명을 불어넣은 것이다.

 청중은 죽은 지식을 전달해주는 강사를 원치 않는다. 생명이 있는 산 지식을 원한다. 프로 강사가 되기 위해선 하나의 지식을 얻으면 그것을 즉각 실행에 옮기고 그 실행의 결과 새로 만든 당신만의 콘텐츠를 축적하지 않으면 안 된다.

하나를 알면 열을 응용하는 장치

프로 강사는 입수한 정보를 두뇌라는 블랙박스에 넣은 다음 가공 처리 과정을 거쳐 출력할 때는 2배, 3배, 5배에 이르는 강의 자료를 뽑아내는 능력을 가진 사람이다. 어떤 강사는 자신도 모르게 결과적으로 그렇게 되기도 하고 더 탁월한 강사는 자신이 가진 능력을 설명할 수도 있다.

흔히 스타 강사로 불리는 대부분의 강사들은 하나를 들으면 열을 응용한다. 인재와 범재, 둔재 사이에는 '하나를 X로 부풀린다'의 X값 차이밖에 없다. 여기서 X값은 인재=10, 범재=1, 둔재=0으로 나타날 것이다.

X=10을 만들기 위해서는 "꼭 그렇게만? 그 외에는?"이라고 질문하며 더 좋은 생각을 찾아보는 습관이 필요하다. 또 배운 것을 자신의 글로 다시 집필해보는 것도 좋은 방법이다. 특히 A 분야의 새 지식을 전혀 엉뚱한 B 분야의 지식과 결합, 연관시키려는 시도를 멈추지 않는 것도 필요하다.

지식을 브랜드화하는 장치

보험 세일즈맨 폴 마이어는 "폴, 자네가 세일즈를 하면서 터득한 방법들을 다른 사람도 사용할 수 있게 교육 프로그램으로 만들어 보게나" 하는 권고를 받고 SMI(Success Motivation Institute)를 설립, 약 30개국에 전파함으로써 보험에서의 성공보다 수십 배 더 큰 성공을 거두었다.

폴 마이어의 뒤를 이어 스티븐 코비, 데일 카네기, 브라이언 트레이시도 그랬다. 자신이 창조한 지식을 세계적인 브랜드로 만들어 그 유익함을 전 세계에 널리 알리고 있다. 당신도 당신의 지식에 상표를 붙여

판매 가능한 상태로 포장하는 훈련을 쌓는 한편, 세계적인 지식 프랜차이저 10명의 생애와 기술에 대해 연구해볼 필요가 있다. 그렇게 함으로써 당신의 강연도 데일 카네기와 같은 형태의 세미나로 브랜드화할 수 있다.

창의력을 개발시키는 장치

창의적인 사람은 다양한 분야에 관심이 있고, 한꺼번에 많은 일에 손을 대며, 유머와 위트가 뛰어나고, 변화에 빠르게 적응한다. 창의력은 사고방식의 억압을 극복하는 능력이다. 그것은 진부한 관점과 사고, 고정관념에서 벗어나는 융통성을 뜻한다.

프로 강사, 특히 스타 강사들은 '이탈적인 사고방식'을 가지고 사람들의 새로운 가능성을 발견하게 하거나, 용기를 불어넣는다. 남다른 강사가 되기 위해선 남다른 창의력이 필수적이다. 그런데 그 창의력이라는 것이 반드시 남이 모르는 것, 남이 생각해내지 못하는 것을 생각해내는 것만은 아니며, 남도 알고 나도 알고 세상이 다 아는 것이라도 남들이 실행하지 않는 것을 실행에 옮기는 것이야말로 진짜 창의력이다.

기시체험(dejavu) 현상을 억제하지 않는 습관이 필요하며, 다양한 분야의 사람들을 접하고 대화를 나누면서 다양한 시각과 사고방식을 받아들이는 것이 바람직하다. 흔히 말하는 대로 텔레비전의 드라마, 광고, 코미디 프로를 열심히 보는 것도 하나의 방법이다. 내 경우는 풍물 기행을 열심히 하는 편이다.

추론의 능력을 극대화하는 장치

프로 강사와 아마추어 강사의 차이는 똑같은 정보를 가지고 같은 상황에 놓였다고 해도 거기서 어떤 결론을 끌어내는가 하는 것, 즉 추론의 능력에서 드러난다. 아마추어 강사일수록 현재의 사실에 대한 지각 능력의 부족과 이것으로부터 야기될 장래의 일을 유추하는 추론 능력의 한계 때문에 도약하지 못한다.

임진왜란이 임박해오고 있을 때 십만양병론을 제시한 율곡이나 《미래의 충격》《권력이동》이라는 책에서 구소련의 붕괴를 예언한 엘빈 토플러와 같은 사람들의 탁월한 추론력은 결국 사실의 정확한 이해, 직접 관련된 사실의 이해, 간접적으로 영향을 미치는 사실의 이해, 그리고 상상력과 사고력, 유추 방법의 숙련의 결과이다. 프로 강사가 되기 위해서는 그런 추론의 능력이 필수적이다.

추론의 능력을 기르기 위해서는 정교한 논리보다 정확한 관점을 가지려는 노력을 해야 한다. 또한, 강의 주제와 관련된 사실을 100퍼센트 수집한다는 생각을 버리고 추론의 과정에 더 많은 시간을 투자할 필요가 있다. 물론 역사, 철학, 그리고 논리 등 인문적 상상력과 관련된 책을 읽어야 하며 추리소설, 드라마, 영화를 많이 보는 것도 방법이다.

먼저 성공을 경험하고
그 다음에 강의를 시작한다

이 사람은 누구일까? 그는 가난한 집안에서 태어났다. 부모님은 실직이 잦았고, 가족이 서로 가장 많이 하는 말은 "우리에게는 그럴 만한 여유가 없어!"였다. 그는 고등학교를 졸업하지 못했다. 성적이 중간 이하였기 때문에 졸업장 대신 수료증을 받은 것이다. 사회에서 그의 첫 번째 직업은 호텔에서 접시를 닦는 일이었다. 그는 오후 네 시에 일을 시작해서 가끔은 다음날 새벽까지 일하기도 했다. 그의 두 번째 직업은 주차장에서 세차를 하는 일이었다. 세 번째 직업은 밤늦도록 바닥을 닦아야 하는 청소부 일이었다.

보잘 것 없는 학력 때문에 그는 자신에겐 미래가 없을 것이라고 생각했다. 목재소에서 아침 일곱 시에 끝나는 새벽 근무조로 일했고 주유소의 임시직으로 일하면서 각종 날벌레와 먼지, 디젤과 휘발유 냄새, 연일 32도가 넘는 더위를 견뎌냈다. 하루에 열두 시간씩 관목 숲에서 휴대용 전기톱으로 벌채하는 일도 했다. 또한 북대서양을 횡단하는 노르웨이 화물선에서 잡역부로도 일했다. 그렇지만 그는 몇 년 동안 끊임없이 자신에게 '성공한 사람들은 어떻게 그것을 해냈을까?'라는 질문을 던졌다.

그는 답을 찾았고 그대로 실천했다. 지금은 연매출 3,000억 원 규모의 HRD비즈니스의 소유자이며, 해마다 25만 명의 사람들과 500여 개 기업을 상대로 강연회를 하고 있으며, 40권이 넘는 책을 썼으며, 그 책은 52개국에서 번역되었다. 한국에도 두 번이나 다녀갔으며 스티븐 코비와 더불어 모티베이션 분야에서 쌍벽을 이루는 최고의 강사이다. 그는 누구일까?

자신이 예시가 되어라

그가 바로 '성취 심리'라는 트레이드마크로 유명한 브라이언 트레이시다. 그런데 많은 사람들이 명강사가 되기를 원한다며 그를 찾아와, "선생님처럼 훌륭한 강사가 되려면 어떻게 해야 합니까?"라고 질문한다고 한다. 그럴 때마다 트레이시는 "네, 좋은 생각입니다. 그런데 당신은 무엇에서 성공을 거두셨습니까?"라고 되묻는다. 그러면 그들은 말없이 돌아섰다. 강사가 되기 전에 먼저 성공을 하고 와서 "이것이 내가 배운 바이며, 이렇게 응용했더니 이런 결과가 나오더라"라고 말할 거리가 하나도 없다면 어린애들이나 수준이 아주 낮은 청중들 앞에, 그것도 단 한 번밖에 설 수 없다는 것이 트레이시의 생각이다.

그렇다. 트레이시는 그것을 실제 행동으로 보여주었다. 그와 함께 서울과 부산에서 대중 강연을 했을 때 동시통역이 아무리 정확하다 해도 감성 전달에는 한계가 있기 마련이었다. 그러나 나는 그가 왜 어떻게 고생했으며 그런 고생을 하면서 무엇이 힘들었는지, 그리고 그때의 쓰라린 마음과 가슴을 저미는 비애감이 어땠는지를 듣고 나도 모르게 눈물을 흘리지 않을 수 없었다. 그리고 그가 어떻게 그 숱한 어려움들을 이겨내고 세계 최고의 명강사가 될 수 있었는지를 세세히 설명하기 시작했을 때, 나도 그렇게 하면 되겠구나 하는 생각이 들었고, 그의 한마디 한마디가 내 영혼을 흔들어 깨웠다. 그는 내게 '감동의 기술'의 표본 보여준 것이다.

그의 강의가 내게 그토록 깊은 감동으로 다가온 것은 그의 말이 모두 자신이 직접 경험한 것을 담고 있었기 때문이다. 책에서 보니 이렇게 적혀 있더라, 유명한 어떤 권위자가 이렇게 말하더라, 하는 식으로 이야기하지 않고 자신이 직접 부딪쳐 본 것을 말했기 때문이다. 그의 인생이 그의 강의였다. 강사가 늘어놓는 다른 이들의 성공 사례는 참고는 되겠지만 감동으로 다가오지는 않는다. 강사 자신의 스토리만이 청중의 영혼을 흔들어 깨울 수 있다.

소소한 성공을 축적하라

프로 강사가 되기 전에 먼저 성공의 프로가 되어야 한다. 많은 성공을 축적하여 그 경험을 말해야 감동을 불러일으킨다. 성공의 기술이 감동의 기술이다.

그러면 성공이란 무엇일까? 브라이언 트레이시처럼 세계적인 영향력과 명성과 부를 이루는 것만이 성공인가? 아니다. 성공은 그렇게 거창한 것이 아니다. 진정한 성공이란 자신에게 의미 있는 목표를 설정하고 그것을 달성하는 것이다. 80킬로그램이었던 체중을 60킬로그램으로 줄이겠다는 목표를 세우고 그것을 달성하는 것, 1년에 100권의 책을 읽는다는 목표를 세우고 그것을 달성하는 것, 50개의 도시를 걸어서 여행한다는 목표를 세우고 그것을 달성하는 것, 이 모든 것이 다 성공이다. 단, 목표를 세울 때는 결과가 아닌 노력 목표, 아웃풋이 아닌 인풋 목표를 세우기를 권한다.

작은 성공이 쌓여서 큰 성공이 된다. 아무리 큰 성공도 잘게 쪼개보면 작은 성공들의 집합체에 불과한 것이다. 하루하루의 성공이 쌓여서 인생의 성공이 된다. 그런 작지만 많은 성공의 경험이 우리도 모르는 사이에 우리를 성공의 프로가 되게 한다. 오직 성공의 프로만이 강의의 프로가 될 수 있다. 성공을 연습하자. 성공을 축적하자. 성공의 스토리를 창조하자.

프로다운
근성을 발휘한다

지금은 프로의 세상이다. 아마추어는 발붙일 곳이 없는 세상이 되었다. 아마추어는 프로의 지시와 통제를 받는다. 그러나 프로는 자신의 계획과 판단에 따라 움직인다. 아마추어는 돈을 벌기 위해 일하지만 프로는 자신만의 세계를 만들어 가기 위해 일한다. 한마디로 프로는 행복하고 아마추어는 그렇지 못한 세상이 되었다. 프로 강사가 되는 데 학력이나 프로필, 또는 스펙 같은 건 결정적인 요소가 아니다. 단지 강한 근성, 뭔가를 한번 시작했으면 반드시 끝장을 보고 마는 성미가 더 결정적인 요소다.

프로에게 중도 포기란 없다

앞서 말한 바 있는 폴 마이어는 열여섯 살 때 24시간 만에 50파운드짜리 10개 상자의 살구를 따는 데 성공하여 살구 따기 세계 챔피언이 되었는데 그 기록은 아직도 깨지지 않았다. 군복무 시절엔 팔굽혀펴기를 쉬지 않고 3,500개를 하여 역시 그 분야의 1인자가 되었다. 집념의 사나이, 의지의 미국인이었다.

대학 중퇴 후 보험 세일즈맨으로 취직하려 했으나 57번이나 떨어졌다. 58번째에도 역시 거절당하고 나오다가 문을 열기 위해 손잡이를 안으로 잡아당기자 몸이 안쪽으로 한 걸음 물러나면서 비스듬히 안쪽을 향하게 되었는데, 그 반동을 이용하여 돌아서서 면접관에게 다시 "당신은 지금 엄청난 실수를 한 겁니다"라고 말해 합격했다.

입사 첫 해에 '100만 불의 수입'이라는 마음속에 그린 목표를 생생하게 상상하고 간절히 바라며 열의를 다했으나 실패했다. 그러나 그 다음해엔 400만 달러의 수입을 올렸고 스물일곱 살에는 백만장자의 대열에 합류했다.

아무리 실패해도 포기하지 않고 끊임없이 도전을 감행하는 끈질긴 근성으로 인해 그는 세계적인 자기계발 분야의 명강사가 되었고,《관계의 기술》의 저자 존 맥스웰도 그의 강의에서 감화를 받고 세계적인 인물이 되었다.

프로는 한번 일을 시작했으면 아주 끝장을 내기 전까지는 결코 포기하지 않는다. 끝장을 보고 승리를 거머쥘 자신이 없으면 아예 시작을 하지 않는다. 한 번 시도해서 안 되면 열 번 시도하고 한국에서 안 되면 중국이나 미국에 가서 되게 만든다. 힘이 센 사람이 이기는 것이 아니라 끝까지 덤비는 사람이 최후의 승리를 거머쥔다. 아무리 능력이 뛰어나도 물고 늘어지는 사람을 당하지는 못한다.

그들은 실패를 패배로 받아들이지 않는다. 성공의 한 과정으로 생각한다. 줄곧 해오던 강의가 피드백이 안 좋다고 취소되면 강의 파일을 100번도 넘게 고치고 이미지에 변화를 주고 목소리를 더욱 호소력 있게 다듬고 강의 연습을 100번씩 한다.

프로다운 근성이 있는 사람은 행운이나 기적을 바라지 않는다. 그들은 언제나 목표를 높게 잡고 다른 사람의 반응 여하에 관계없이 자기의 방법대로 자기의 스케줄에 맞춰 가야 할 길을 끝까지 간다. 수족관의 금붕어를 청중으로 삼고 밤샘 토크 연습을 했던 래리 킹, 100리 길을 걸어서 유명 인사의 강의를 들으러 다녔던 링컨, 말더듬이를 고치기 위해 바닷가에서 조개를 물고 말을 연습했던 데모스테네스는 모두 끝장을 보아야 직성이 풀리는 사람들이었다. 그런 근성이 있다고 해서 반드시 프로가 된다는 보장은 없지만, 프로들은 대부분 그런 근성의 소유자라는 사실을 기억하자.

프로다운 끈기를 기르는 네 가지 방법

그렇다면 그런 근성을 기르려면 어떻게 해야 할까? 나는 다음의 방법들을 사용한다. 어려서부터 끈기가 없기로 나만큼 소문난 사람도 드물 것이다. 그러나 나는 이 방법들을 사용하여 지금은 집념 꽤나 강하다는 소리를 듣게 되었다.

첫째는 최종 결과를 상상하는 것이다. 중도 포기를 하지 않고 끝까지 했을 때 내가 누리게 될 즐거움, 행복의 바이러스를 다운로드하고 있는 나의 모습을 날마다 상상하는 것이다. 내가 프로 강사로 우뚝 섰을 때 그로 인해 기뻐하는 아내의 얼굴을 떠올리고 그로 인해 강한 자부심을 키워가는 아이들의 얼굴을 마음속에 그려본다. 그러노라면 포기하고 싶다는 생각은 어느새 저만큼 멀리 달아난다.

둘째는 논리적 무장이다. 중도 포기나 단념 혹은 실패하는 것이 왜 나쁜지 아주 명쾌한 논리를 세워놓는 것이다. 왜 프로 강사가 되어야 하는지, 왜 프로 강사가 되는 게 최선의 방법인지, 왜 프로 강사로 성공할 수밖에 없는지에 대해 아무리 따져보아도 전혀 흠잡을 데 없을 만큼 명료하게 생각을 정리해 수첩에 적어둔다. 그래서 힘들어지거나 포기하고 싶어질 때마다 수첩을 들여다보며 자기 강화를 시도한다.

셋째는 최악의 상황에 대한 가상 시나리오를 준비해두는 것이다. 시각 자료의 이용이 어려울 땐 스탠딩 토크로 하면 된다는 마음의 준비를 하고 마이크가 문제가 생긴다면 육성으로 감당하겠다는 생각을 미리 해두는 것이다. 그렇게 하면 어려움이 어려움으로 느껴지지 않을 뿐만 아니라 어려움을 극복하는 그 자체가 즐거운 놀이가 된다.

넷째는 셀프 토크다. "너는 한 명 앞에서도 강의를 했었잖아, 일곱 명은 많은 거야! 너는 강의도중에 '집어치워!'라는 말도 들어봤잖아, 이건 창피한 것도 아니야! 넌 책도 쓸 거고 TV방송에도 초청될 거야, 넌 할 수 있어!"라는 식으로 쉴 새 없이 나 자신에게 말을 거는 것이다. 자신에게는 구체적으로 이러이러한 능력과 저러저러한 성격이 있기 때문에, 또한 이런 지식과 저런 경험이 있기 때문에 이 정도 강의쯤은 넉넉히 해낼 수 있다는, 합리적인 근거가 있을 때 그 근거들의 힘을 입증해 보이고 싶은 심리가 발동하기 때문에 우리는 쉽사리 포기를 하지 않게 된다.

프로다운 근성은 어쩌면 일종의 중독이다. 끝장을 보고야 마는 것의 맛을 본 사람은 계속해서 그것을 맛보지 않고는 배겨내지를 못한다. 프로다운 근성에는 아주 강한 중독성이 있다.

프로 강사라는 말을 들으며 사람들에게 감동을 선물하고 있는 강사들의 특징은 바로 이 끝장을 보고 마는 근성이다. 사실 프로 강사라는 영예는 집요함의 대가로 붙여진 이름일 뿐이다. 많은 사람들이 프로 강사가 되겠다고 나서지만 바로 이 프로다운 근성을 발휘하지 못하기 때문에 뜻을 이루지 못한다.

미적지근한 것을 참지 못하는 성깔

그런데 근성, 그것만으론 프로 강사가 되기 어렵다. 한 가지 중요한 요소가 또 있다. 바로 프로다운 성깔이다. 프로 강사란 하나의 키워드를 발굴하여 전문가로 발돋움한 사람으로써, 오직 한 가지에만 미쳐서 그것밖에 모르는 사람, 자기가 선택한 그 한 가지 일을 끔찍이 사랑하는 사람, 그것 밖에 모르는 바보라는 소리를 듣지만 그것에 관한 한 최고의 기량과 능력을 발휘하는 사람이다. 그러므로 단순한 마니아에서 더 나아가 당대 최고를 지향하며 자기가 하는 일에 대한 확고한 자신감과 자부심으로 사는 사람이 바로 프로이다.

프로는 누가 무슨 말을 하건 아랑곳하지 않고 도도하고 꿋꿋하게 제 갈 길을 간다. 가장 중요한 건, 뭔가 어렴풋하고 부정확하고 불충분한 것을 결코 그냥 넘어가지 못하는 성깔이다. 야구선수 토니 그윈(Tony

Gwynn)의 경우를 보자. 지난 50년 동안 미국 프로야구 역사상 가장 빛나는 기록을 보유하고 있는 타자 가운데 하나가 샌디에이고 파드레스의 토니 그윈이다. 그는 여덟 번이나 타격 왕 타이틀을 차지했으며 통산 타율 0.339라는 믿기 어려운 기록을 가지고 있다. 그는 뉴욕의 쿠퍼스타운에 있는 명예의 전당에 이미 예약을 해놓은 것이나 다름없는 타자다.

외모로만 보면 그가 프로야구 스타라는 것은 도저히 믿기 어려울 정도로 작은 키에 뚱뚱한 체격의 소유자다. 그러나 대학을 졸업할 때 야구와 농구 두 종목의 드래프트에 지목될 정도로 그는 천부적인 재능을 타고난 스포츠맨이다. 물론 그의 재능은 남다른 것이지만 그래도 그를 스타덤에 오르게 한 것은 재능이 아니라 집중력이었다.

그는 타격을 사랑하고 타격에만 몰입하는 삶을 살고 있다. 그는 대학 때부터 줄곧 읽어 오던 테드 윌리엄스(Ted Williams)의 《타격의 과학》이라는 책을 매 시즌마다 대여섯 번씩 읽는다. 그러면서 이루 다 셀 수 없을 정도의 시간을 비디오테이프를 보는 데 쏟아 붓는다. 그의 서재에는 경기 실황 테이프들이 산더미 같이 쌓여 있다. 그는 길을 가면서도 테이프를 본다. 시합을 하러 이동하는 동안에도 두 개의 VCR을 들고 다니며 타석에서의 자신의 동작 하나 하나를 편집하여 테이프에 담는다. 그가 눈을 뜨고 있으면서 스윙 연습이나 테이프 보기를 중단할 때가 있다면, 그것은 오직 팀 동료들이나 테드 윌리엄스 같은 걸출한 타자들과 타격에 대한 의견을 나눌 때뿐이다.

그에게는 '이만하면 됐다'라는 것이 없다. 타격은 그의 즐거움이다. 그는 사교적인 모임에 참석할 때도 주머니에서 배팅 글로브가 삐죽 고개를 내미는 것으로 유명하다. 스윙 연습, 테이프 보기, 타격에 대한 의견 교환, 이 세 가지 가운데 어느 하나도 할 수 없을 경우에는 탁구라도 쳐서 눈과 손동작의 연결 능력을 높이려 애쓴다.

그는 프로에 들어온 후 첫해를 빼고는 타율이 0.300을 넘지 못한 적이 없다. 사람들은 그를 타고난 타자로만 알고 있지만 사실은 그는 집중하는 타자일 뿐이다.

독서도 적당히 하고 자기혁신도 적당히 하고 모델링도 적당히 하면서 자기는 프로라고 우기는 사람들이 너무 많다. 적당히 하거나 반쯤하고 내버려두거나 부정확하게 하는 것은 프로의 성깔이 아니다. 능력 있는 사람이 프로가 되는 것이 아니다. '끝장을 보고 마는 성깔'을 기른다면 당신도 프로 강사가 될 수 있다.

당대 1인자에게 직접 배운다, 그리고 넘어선다

검도에 '수파리'라는 용어가 있다. 영어의 모델링에 해당되는 말이다. 원래 불교 용어였지만 검도계로 와서 무도 수행의 단계를 표현하는 말로 정착되었고 더 나아가 스승과 제자의 관계를 설명하는 용어로 확장되기도 했다. '수(守)'란 '가르침을 지킨다'라는 의미로, 스승의 가르침을 받들어 정해진 원칙과 기본을 충실하게 몸에 익히는 단계를 말한다. '파(破)'는 원칙과 기본을 바탕으로 하면서도 그 틀을 깨고 자신의 개성과 능력에 의존하여 독창적인 세계를 창조해가는 단계이다. 다음 단계인 '리(離)'는 스승으로부터 독립하여 스승을 떠나 자기 나름으로 일가를 이루어나간다는 뜻이다. 검도뿐만 아니라 강사의 훈련도 수파리의 공식에 따르는 것이 가장 효율적인 수련 방법이다.

강의와 책을 통해 사람들에게 삶의 희망을 보여주고 동기화시키는 분야의 1인자는, 내가 만나본 사람 중에서는 한남대 총장을 역임했던 이원설이었다. 그의 책《이데올로기를 넘어서Beyond Ideologies》는 미국 대학에서 수십 년 동안 교과서로 사용된 적도 있다.

그가 한 단과 대학의 학장으로 재직하던 시절 나는 그 대학의 조교였다. 조교인 나는 하루에 서너 차례 학장실을 드나들었다. 나는 그가 꿈을 현실로 만들어나가는 분야의 1인자라고 생각했다. 그래서 큰 용무도 없이 무턱대고 찾아가 그에게 말을 걸었다. 그가 책을 쓸 때면 나는 타이핑도 하고 교정도 보았다. 그가 영어로 써놓으면 내가 한국어로 번역할 때도 있었다. 그가 강의를 할 때면 나는 항상 제일 앞자리를 잡았다. 내가 뭔가 글을 써서 가지고 가면 그는 꼼꼼히 읽어보고 내용의 흐름은 물론이고 문장의 장단과 강약을 설명하며 토씨와 콤마의 사용, 주석을 붙이는 법에 관한 것까지 세세히 고쳐주었다.

약 15년 전에는 샌프란시스코에서 시작하여 LA, 시카고를 거쳐 뉴욕에 이르는 그의 강연 여행을 수행하기도 했다. 그는 때로 나에게도 강의를 시켰다. 내가 강의를 마치면 그는 어김없이 나를 불러 잘한 점과 개선할 점을 세세히 말해주곤 했다. 그렇게 30년이 넘는 시간 동안 나는 그를 따라다니며 배웠다. 그러다 보니 어느새 가치 체계나 사고방식은 물론이고 말투, 문장, 행동거지가 그를 조금 닮았다는 소리까지 듣게 되었다. 덕분에 가끔 모티베이션 분야 강의에선 일품이라는 말도 듣게 되었다.

1인자에게 배워야 하는 이유

1인자가 되려면 1인자에게서 배워야 한다. 프로 바둑 기사 이창호는 당대 1인자였던 조훈현의 제자, 특별히 '내제자'가 되었다. 바둑계에선 스승의 집에서 동거하면서 배우는 제자를 내제자라고 한다. 먹고 마시고 잠자고 공부하는 모든 것을 배우는 것이다. 그렇게 1인자에게서 배웠기 때문에 이창호는 새로운 1인자가 되었다. 하이럼 스미스는 스티븐 코비라는 1인자에게서 배웠다. 존 맥스웰은 폴 마이어라는 1인자에게서 배웠다. 1인자에게 배워서 1인자가 되고 다시 새로운 1인자를 키워내는 일은 인생 최고의 즐거움이다. 그 때문에 모든 1인자들은 다음 세대 1인자가 배우러 오기를 학수고대한다. 1인자가 되어 진짜 프로라는 말을 듣고 싶다면, 당대 1인자에게 직접 배우는 게 가장 좋은 방법이다.

우선 자신의 전문 영역에서 1인자가 누구인지를 결정하자. 그가 쓴 대표적인 책 한 권을 골라 위편삼절 식으로 완전히 마스터하자. 그의 다른 책들까지도 모두 독파하자. 그와 관련된 모든 기사를 검색하고, 그의 의견에 반대하는 사람들의 책까지도 모조리 독파하자. 그의 생애를 조사하고 어떻게 훈련받았는지 알아보자. 그리고 그를 찾아가자. 그의 제자가 되자. 그의 기술, 설명 방법, 학습법, 자기관리, 인간 경영, 생활 습관을 그대로 따라 해보는 것이다. 그리고는 마침내 그를 능가하는 것, 이것이 지식의 블랙홀이 되는 필수의 과정이다. 1인자에게 접근하고 그에게서 배우는 방법의 핵심을 마크 빅터 한센은 다음과 같이 말한다.

기회만 있으면 그 사람에게 편지를 써라. 편지에다 "귀하가 비행기에서 우리 도시를 내려다보고 계실 때 제가 차를 가지고 공항에서 기다릴 수 있다면 큰 영광이겠습니다"라고 말하여라. 최대한 접근하라. 그 사람의 조수가 되어라. 가방을 들어주어라. 궂은일을 도맡아라. 그 사람이 가지고 온 책과 테이프를 강연장 입구에서 팔아라. 그 사람의 친구들, 친구의 친구들까지 다 만나보아라. 그래서 그들이 자기 자신을 어떻게 마케팅하고 다니는지를 배워라.

'나의 강의'로 재탄생시키는 법

당신이 선택한 키워드와 트레이드마크에 관련된 당대 1인자를 역할 모델로 삼고 배우되, 1인자의 울타리 안에만 머무는 것이 아니라 1인자를 넘어서서 새로운 1인자가 되려면 무엇을 어떻게 해야 할까? 바로 '나의 강의'로 재탄생시켜야 한다.

지금부터 6개월 내에 당신이 정한 삶의 운명적인 키워드와 관련이 있는 스무 명의 명강사들의 강연 CD를 수집하여 낱낱이 다 들어보자. 듣기가 끝나면 그 강사들의 강연을 직접 찾아가서 현장에서 들어볼 것이며 그중 다섯 명의 강사를 선정하여 각각 세 번씩 강연을 더 들어보고 그중 한 명의 강사를 선택하자. 그가 당신의 역할 모델, 1인자다.

그리고 그 역할 모델 강사를 연구하되 그가 쓴 모든 책들을 다 읽어보고 그의 삶의 행적에 관해서도 가능한 모든 자료를 수집하자. 또한 그 역할 모델의 강의를 30회 이상 더 반복해서 듣고 그의 최고의 강의를 녹취하여 100분 분량의 원고로 작성하고 그것을 암기하다시피 숙지하

자. 모델 강의가 완전히 자신의 것으로 소화되었다고 생각되면 10명의 친구들을 한 명씩 차례차례 저녁 식사에 초대해 세 시간씩 모델 강연의 내용에 대해 이야기해보라. 그 내용에 대해 좀 더 심층적인 이해와 통찰을 얻게 될 것이다.

모델 강연을 속속들이 알게 되고 그것을 거의 완전히 외우다시피할 정도가 되었다면, 이젠 그 내용을 당신의 어휘와 어투와 어감으로 써내려가라. 당신의 생각을 반영하지 말고, 되도록 원본을 보지 않고 원본과 동일한 내용이 되게 쓰되, 요점만 나열하지 말고 마치 라디오 방송 대본같이 토씨 하나 빼지 말고 써내려가라.

그렇게 초벌이 완성되었으면 이번에는 당신의 생각을 적극 반영하여 제목을 바꾸고 목차를 다시 짜고 처음부터 다시 써라. 좀 더 당신의 고유 이미지와 트레이드마크에 맞게, 삭제할 것은 과감히 삭제하고 첨가할 것은 첨가하고, 원본 속의 스토리는 당신의 스토리로 갈음하고, 오래된 자료는 새로운 자료로 바꾸고, 하여튼 당신다운 독특한 냄새와 색깔과 아우라가 나타나게 전혀 새로운 강의, 재벌 구이를 만들어라.

재벌 구이가 끝나면 그것을 가제본하여 최대한 많은 사람에게 보여주고 피드백을 수집해보자. 피드백을 구할 때는 막연히 "솔직한 의견을 말해주세요"라고 말하기보다는 "여기 이 체크리스트를 참고하여 자세히 메모해주세요"라고 말하는 것이 더 효과적이다.

바람직한 체크리스트를 예시로 제시하면 다음과 같다.

1) 무언가를 시작하거나 그만두겠다는 결심을 이끌어낼 수 있겠는가?

2) 분명한 하나의 키워드에 초점이 맞춰지고 있는가?

3) 전혀 듣지도 보지도 못한 새로운 내용이 있는가?

4) 불분명한 채로 그냥 어물쩍 넘어간 부분은 없는가?

5) 강사 자신의 진솔한 스토리, 역경을 극복한 과정이 리얼하게 묘사되었나?

6) 청중들의 가슴이 뭉클해질 만큼 힘이 느껴지는 부분이 있는가?

7) 강연 원고의 내용과 강사의 실제 삶이 일치하고 있나?

8) 원고의 내용과 강사의 독특한 말투, 행동 스타일이 잘 어우러졌는가?

9) 유머, 위트, 엔터테인먼트가 있는가?

10) 어휘들이 적절한가?

11) 목소리는 호소력이 있는가?

12) 청중들이 뭔가 역할을 담당할 기회가 있었는가?

13) 신념과 확신에 넘친 모습, 진솔한 태도를 보여주었나?

14) 강력한 에너지로 헌신과 몰입의 분위기를 끌어내는 부분이 있는가?

15) 전반적인 내용이 시대의 변화 트렌드와 서로 잘 맞았는가?

위의 체크리스트를 활용하는 것은 물론이고 이 책의 1부에서 제시한 18가지 조건들을 잣대로 하여 셀프 피드백을 시도해보라. 이렇게 수집된 피드백을 반영하여 재수정을 함으로써 '나의 강의' 파이널 버전을 완성하라. 그리고 지속적으로 업그레이드하며 거기에다 강사로서 당신 삶의 승부를 걸어라. 그 원고를 약 50컷의 프레젠테이션으로 개발하라. 프레젠테이션에는 세 개 또는 네 개의 동영상을 삽입하는 게 좋다.

그 원고를 언제든 누구에게든 제출할 수 있게 A4 용지 1쪽짜리, 5쪽짜리, 10쪽짜리 요약본으로 만들어라. 그 원고를 초등학생 버전, 청소년 버전, 대학생 버전, 성인 버전으로 재편성하고 각각의 용도에 맞게 역시 프레젠테이션을 만들어라. 필요하면 교사 버전, 학부모 버전 등으로도 만들어 두어라. 언제 어디서든 적절한 강의가 되도록 다양한 메뉴를 갖추는 것이 중요하다.

100번을 연습하라,
그리고 1,000번을 초대 받아라

어떤 강사가 먼 도시에 강연 초청을 받았다. 그는 멋진 강의를 하리라 결심하고 청중에 관한 정보도 모으고 다채로운 자료를 정리하는 등 정성껏 준비를 했다. 완성된 강연 원고는 아주 감동적이었다. 드디어 강연이 끝나고 강사와 청중이 커피를 마시며 담소를 나누게 되었다. 강사가 사람들에게 질문했다.

"오늘 제 강연 어땠습니까?"

청중 가운데 한 명이 대답했다.

"강연에는 세 가지 문제가 있었지요."

강사가 말했다.

"무슨 말씀인지 자세히 설명해주시면 좋겠습니다."

그가 다시 대답했다.

"첫째는 강연이라기보다는 책읽기 같았고, 둘째는 읽기나마 제대로 안 됐고, 셋째는 쓸데없는 것을 읽었다는 것입니다."

요컨대 연습을 너무 안 하고 와서 청중은 공연히 시간만 낭비했다는 말이다. 청중은 아마 "야, 이 엉터리야, 썩 꺼져!"라고 소리치고 싶은 것을 참느라 고생깨나 했을 것이다. 세상에는 강의를 잘하는 사람과 못하는 사람이 있는 게 아니다. 강의를 연습하는 사람과 연습하지 않는 사람이 있을 뿐이다. 위의 사례와는 정반대의 경우를 보자.

연습의 증거, 연습의 힘

어떤 젊은이가 방송국에 아나운서로 취직했다. 그는 의욕에 넘쳐 멋진 원고를 만들어서 연습에 몰두했다. 그러다 가족들을 모아놓고 한 번 들어보고 의견을 말해달라고 부탁했다. 가족들은 처음엔 경청도 잘하고 의견도 활발하게 말했지만 나중엔 물 먹으러 간다, 화장실에 간다, 전화 받으러 간다, 온갖 핑계를 대며 들으려 하지 않았다.

답답해진 그는 가족 대신 강아지들과 고양이들을 모아놓고 연습했다. 그러나 고양이와 강아지들은 핑계는 대지 않았지만 시작만 하면 곧 잠이 드는 게 문제였다. 그래서 이번에는 어항 앞에 가서 금붕어들을 상대로 연습을 했다. 그랬더니 금붕어들은 밤샘 연습을 해도 잠도 자지 않고 아나운서를 쳐다보는 것이 아닌가. 그 후로는 계속 금붕어와 연습을 했다.

그렇게 연습을 많이 했으니 그 신입 아나운서는 얼마나 방송을 하고 싶었겠는가? 그런데 방송국에서는 휴일이 되면 당번이라는 것이 있다.

신입은 선배들에게 "이번 연휴엔 제가 다 알아서 할 터이니 선배님들은 안심하고 푹 쉬십시오"라고 말하고는 거의 모든 뉴스와 음악프로를 도맡아 밤잠도 안 자고 연습과 방송에 몰두했다.

그런데 일요일 아침, 라디오에서 음악이 끝나고 아나운서의 말이 이어져야 하는데 음악 소리도 안 들리고 아나운서의 말도 안 나오는 상태가 몇 초 동안 계속되더니 이윽고 드르렁 드르렁 코고는 소리가 들리기 시작했다. 그야말로 대형 사고다. 그 신입이 너무나 열심히 하다가 '다운'된 것이다.

그러나 그는 그토록 연습에 몰두했기 때문에 결국, 네모난 뿔테 안경과 멜빵을 트레이드마크로 하는, 그 유명한 〈래리 킹 라이브〉의 진행자가 되었다.

1부에서도 언급한 바 있는, 아테네 시민들로 하여금 연설이 채 끝나기도 전에 전선으로 달려가게끔 한, 데모스테네스는 아테네의 '자유의 대변자'로 불리는 유명한 웅변가였다. 그러나 그는 사실 심각한 언어장애자, 이른바 말더듬이였다. 이런 그가 어떻게 그토록 대중을 사로잡는 웅변가가 될 수 있었을까? 전해지는 바에 의하면 그는 말더듬이를 극복하기 위하여 산골짜기에서 바위와 나무들을 향해 연설을 하면서 말솜씨를 익혔고, 바닷가에서 자갈을 입에 물고 말 연습을 했다. 그뿐만 아니라 투키디데스의 역사책을 여덟 번이나 베껴 쓰기도 했다. 입에 자갈을 물고 말해도 자신의 말이 명료하고 감동적으로 들릴 때까지 연습하고, 그 유명한 역사가의 웅장하고 인상적인 문체를 모두 흡수했으니, 어찌 그의 말이 사람들의 마음을 움직이지 않을 수 있었겠는가?

100번 연습의 결과

《아들아, 머뭇거리기에는 인생이 너무 짧다》라는 책이 출간되자 나는 처음으로 MBC의 TV 특강에 초대를 받았다. 때마침 연말이 다가오고 있었기 때문에 시청자들에게 새해엔 어떻게 꿈을 설계하면 좋을까 하는 문제에 대해 이야기해달라고 부탁받았다. 나는 있는 지식 없는 지식을 총동원하여 원고를 작성하고 연습도 무척 많이 했다. 그 결과로 강의는 큰 무리 없이 잘 진행되었다.

그런데 이상하게도 기대한 것만큼의 반향을 불러일으키지는 못했다. 처음에는 너무 큰 욕심을 가지고 많은 것을 기대해서 그런 것이라고 스스로 위로했다. 그러나 아무리 생각해보아도 시청자들의 반응이 왜 그렇게 밋밋했는지 도무지 알 수가 없었다. 그래서 가까운 사람들과 함께 그 녹화 테이프를 여러 번 반복해 보면서 부족했던 점이 무엇인지 이야기해보고 보완해갔다.

그 일이 있은 지 2개월이 지나자 이번에는 SBS에서 '비전'에 관한 특강을 해달라는 제의를 해왔다. 토요일에 생방송으로 하는 50분짜리 특강이었다. 나는 지난번의 실패를 반복하지 않기로 결심했다. 그래서 일단 50분짜리 원고를 만들었다. 그리고 방송이 있기 5일전 보따리를 챙겨서 호텔로 갔다. 그 누구의 방해도 받지 않고 연습에만 집중하기 위해서였다.

먹고 자는 시간 외엔 오로지 연습에만 몰두했다. 처음엔 원고를 몇 번이고 큰 소리로 읽었다. 점점 목소리를 가다듬으며 표정과 제스처를 써 가면서 연습에 연습을 거듭했다. 처음 5분과 마지막 3분에 해당하는 내용은 무조건 암기를 했다. 그리고 가장 중요하다고 생각하는 부분도 점차 암기를 시도했다.

그렇게 4일 동안에 걸쳐 총 연습 횟수가 80회에 다다랐을 때는 그 50분짜리를 완전히 암기한 상태가 되었다. 물론 단어 하나하나 문장 한 줄 한 줄을 깡그리 다 외우기도 했지만, 그렇게 하니까 내용의 흐름이 암기가 되었고 따라서 강연의 전체적인 맥락이 한눈에 들어와 왜 그 문장과 단어가 그곳에 필요한지를 알게 되었다. 또한 대목마다 어떤 표정과 어떤 음색과 스피드가 필요한지를 저절로 터득하게 되었다.

어떤 대목에서 마커를 어떻게 잡고 어떤 글씨로 보드에 적어야 할지, 지울 땐 어떤 움직임으로 무슨 말을 하면서 지워야 할지, 그 모든 답이 저절로 생각이 났다. 마치 산 아래에서 정상을 쳐다보다가 산 위에 올라와서 아래를 둘러보는 느낌과 같았다. 그리고 그 모든 것이 가능해진 것은 내가 원고를 온전히 다 외우고 있었기 때문이라는 생각도 들었다.

그때부터 나는 호텔 방에 있는 베개와 물병과 물컵 등 온갖 물건들을 줄을 세워서 청중으로 앉혀놓았다. 신문지를 한 장 펴서 무대를 만들었다. 그리고 전에 녹화 테이프를 보면서 적어두었던 문제점들을 되새기며 실제와 똑같은 마음으로 연습을 했다. 다만 이제까지 암기한 것에 대해서는 별로 신경을 쓰지 않고 각 장면마다 생각나는 대로 말을 이어가는 연습을 해보았다. 그랬더니 약 90퍼센트 정도는 암기가 튀어나왔고 나머지는 그냥 애드리브로 했지만 본래의 뜻에서 크게 어긋나지 않았고 더욱 자연스럽다는 느낌을 받았다. 그런 연습의 횟수가 총 100번을 넘은 다음 나는 호텔에서 나와 집으로 가 옷을 갈아입고 방송국으로 향했다.

드디어 강의가 시작되었다. 예정된 방송 시간은 50분이었고 나는 49분 30초에 강의를 마쳤다. 나는 강의 내용을 메모한 카드를 들고 갔으나 손에 쥐고만 있을 뿐 한 번도 들여다 본 적이 없다. 부지런히 카메라를 보고 방청객들과 눈길을 맞추며 연신 묻고 대답하는 식으로 평퐁을 시도했다.

결과는 역시 기대 이상으로 성공적이었다. 수많은 시청자들이 전화와 이메일로 공감을 표시하고 격려를 해주었다. 방송이 끝나고 5분이 채 안 되어서부터 세 시간 동안 내가 근무하는 대학에 너무나 많은 문의 전화가 걸려와 업무가 마비될 지경이었다. 며칠 후 어떤 서점에 가보니 사람들이 빙 둘러서서 나의 강의 테이프를 보고 있는 모습도 보였다. 여기저기서 강연 요청이 쇄도했고, 바빠지기 시작했다. 내가 쓴 책《아들아, 머뭇거리기에는 인생이 너무 짧다》는 주요 서점에서 판매 순위가 껑충 뛰어 올랐다. '나의 강의'를 100번 연습했더니 2,000번도 넘는 초청을 받게 된 것이다. 오직 연습만이 대가를 만든다는 걸 실제로 체득한 소중한 경험이었다.

당신도 '나의 강의'를 잘 만들고 최소한 100번 이상 연습하길 권하고 싶다. 그러면 1,000번, 2,000번의 초대를 받게 될 것이다.

스타 인큐베이터,
프로 강사가 되는 마스터플랜

우리는 지금까지 감동을 창조하는 예술의 매력과 사람들에게 감동을 선물하는 강사의 행복에 대해 이야기했다. 또한 그런 명강사가 되기 위해서는 우리에게 어떤 비전과 로드맵, 그리고 액션플랜이 필요한지에 대해서도 자세히 살펴보았다. 이젠 그 모든 이야기를 총망라하여 우리가 어디서 무엇부터 시작하여 어떤 경로로 어디까지 갈 것인가를 결심하지 않으면 안 될 시점이 되었다. 지금은 오직 당신의 결단이 필요한 때다. 당신에게 래리 킹과 같은, 데모스테네스와 같은, 그리고 내가 가졌던 것과 같은 필사의 각오가 있다면 이제 그것을 한 페이지짜리 마스터플랜으로 작성해보라. 명강사를 향한 당신의 비전을 종이에 구체적으로 적어보는 것이다.

아무리 가슴을 설레게 하고 탁월한 지략을 담은 훌륭한 비전과 목표가 있다 해도 그것을 언제 어디서 어떻게 이루겠다는 내용을 종이에 구체적으로 적지 않고 그냥 머릿속이나 가슴속에만 품고 있다면, 그에겐 사실상 목표도 비전도 없는 것이다. "나는 한국 최고의 명강사가 되겠다"고 하는 말은 거짓말이다. 그 대신 "나는 늦어도 2019년까지는 1,000권의 책을 읽고 독서지도 분야의 당대 1인자를 직접 찾아가 배우고 나만의 명품 강의를 개발하여 300번을 연습함으로써 매주 세 번 이상 대중 강연에 초청받는 프로페셔널 동기부여 강사가 될 것이다"라고 수첩에 적어두고 날마다 그 수첩을 들여다본다면 그것은 거짓말이 아닌, 참말일 수 있다.

그러나 많은 사람들이 이의를 제기한다. "쓴다고 무조건 목표가 이루어진다고? 어림없는 소리", "그렇게 쉬우면 왜 그토록 많은 이들이 목표를 이루지 못하고 고단한 삶을 산단 말인가?" 이렇게 목소리를 높인다. 그러나 그것은 진실이 아니다. 무지의 소치다.

우리는 우선 무엇인가를 생각한다. 그리고 생각이 끝나면 정리된 생각을 글로 쓴다. 즉, 글을 쓴다는 것은 이미 정리된 생각을 누군가에게 전달하는 것이다. 이것이 글쓰기에 대한 고정관념이다. 그러나 나의 생각은 다르다. 글을 쓰는 것은 단순히 생각을 표현만 하는 것이 아니다. 쓰는 것은 생각을 하는 한 가지 방식이 될 수 있다. 글을 쓰는 과정에서 생각이 심오해지고 새로워지고 다양해지고 명쾌해진다. 쓰면서 확고한 결심이 생긴다. 글을 쓰는 동안에 수많은 그림이 머릿속을 스쳐 지나가고 마음의 눈으로 무수한 영상들을 보게 되어 그대로 행동하지 않고는 배길 수 없도록 속마음이 뜨거워지는 것이다. 그래서 써야 한다.

나는 지난 20년 동안 약 2,000여 회의 국내외 대중 강연을 했다.

200만 명 이상이 강의를 들었다고 볼 수 있다. 거기에 라디오나 TV 강의까지 합친다면 수강자의 수는 헤아리기 어렵다. 그 많은 강연을 하면서 내가 전한 메시지는 오직 '글로 쓴 구체적인 비전' 그 하나였다. 그러니 비전을 글로 쓰는 방법을 얼마나 많이 이야기해왔겠는가? 그런데 내가 제시했던 그 많은 방법 중에서 프로페셔널 모티베이터, 명강사가 되려는 청운의 꿈을 가진 당신에게 내가 추천하고 싶은 방법은 '프로젝트 인큐베이터'다. 아래의 예시를 참고하여 당신도 프로젝트 인큐베이터를 작성하고 명강사로 가는 첫걸음을 내딛기 바란다. 당신이 이 과제를 마치는 순간 당신의 꿈은 이미 50퍼센트가 이루어진 것이나 다름없다.

나의 프로젝트 인큐베이터

- 프로젝트 명칭 : 명강사로 거듭나기
- 프로젝트의 목표 : 대한민국 최고의 비전 명강사
- 프로젝트의 요약 : 다양한 토크파워에 관한 책을 읽고 요약 정리하고, 그것을 기반으로 파워포인트로 강의안을 만들고 매일 연습을 통해 나만의 명강의를 완성하여 세상을 향해 나아간다.
- 결심 선언 : 나는 ○○○○년 ○월 ○일부터 활동을 개시하여 늦어도 ○○○○년 ○월 ○일까지는 이 프로젝트를 반드시 끝내고 말 것이다.

- 프로젝트를 완성했을 때의 모습과 그때 내가 얻게 될 장점들 :
    1) 내가 목표했던 것을 성취하여 자아 만족을 느낀다.
    2) 아내로부터 "당신은 역시 대단해"라는 말을 듣는다.

3) 강사로서의 자리를 확고히 할 수 있다.

4) 강의 횟수가 늘고 더불어 소득이 늘어난다.

5) 청강생들에게 감동을 주어 사인을 해줄 수 있다.

- 활동목록

순서	할 일	시작하는 날	끝내는 날
1	세계 최고의 명강사 책 3번 읽는다		
2	비전에 관한 책 10권 읽는다		
3	비전에 대한 강의를 10번 이상 듣는다		
4	강의 연습을 100번 이상 한다		
5	강의를 글로 10번 이상 적는다		
6	출퇴근시 한 꼭지씩 연습한다		
7	10명의 명강사를 비교, 연구한다		
8	좋은 시를 15편 암기한다		
9	나만의 명강의안을 만든다		
10	세계적인 명언을 50개 암기한다		
11	Talk power 100에 반드시 참석한다		
12	가족 앞에서 강연을 한다		
13	직원들을 모아 놓고 강연을 한다		
14	혼자 강의한 것을 녹화하여 피드백한다		
15	한 달에 한 번 현장 강의를 듣는다		

- 발생할 수 있는 문제점

　　1) 책을 읽고 기록을 하지 않을 수 있다.

　　2) 100번 연습할 때 지루해할 수 있다.

3) 컴퓨터 활용의 미숙으로 강의안을 제대로 만들지 의문이다.

4) 내성적인 성격 탓에 대중 앞에서 떨릴 수 있다.

5) 직장 생활과 병행하여 진행하기 때문에 진척이 더딜 수 있다.

- 해결책

    1) 강의안을 만들어야 하기 때문에 요점을 기록하는 습관을 기른다.

    2) 출퇴근시 또는 공원에서 돌아다니며 연습한다.

    3) 파워포인트 활용법에 대한 강의를 신청하여 숙지한다.

    4) 가슴 떨림을 활용하여 매번 가슴 뛰는 삶을 경험한다.

    5) 잠을 약간 더 줄이고 새벽 시간을 활용한다.

- 핵심적인 협력자

    - 이름 : ○○○, 내용 : 가르쳐주고 피드백해준다.

    - 이름 : 아내, 내용 : 함께 다니며 들어주고 힘을 준다.

    - 이름 : 아이들, 내용 : 나의 강의를 들어주고 컴퓨터 스킬을 익히는 데 도움을 준다.

    - 이름 : 비전코치들, 내용 : 선의의 경쟁을 하면서 서로 격려한다.

- 이 프로젝트를 완수했을 때의 나의 모습

    ○○○를 능가하는 강사

에필로그

이 에필로그를 어떻게 시작할까 하고 고민하며 연구실로 향하던 중 라디오에서 영어 문외한인 어떤 사람이 어떻게 전문 통역사가 되었는지에 대한 사연이 소개되었다. 내용은 이렇다. IMF 사태로 인한 연쇄 부도의 여파로 졸지에 실업자가 된 주인공은 아주 우연한 계기로 정부에서 무료로 지원하는 영어학원에 등록을 하게 되었다. 그는 하루 여섯 시간씩 학원에 나가 회화 공부를 하고 집에 돌아와 네 시간씩 예습 복습을 하며, 하루 열 시간씩 열 달 동안 영어를 배우기 위해 노력했다. 그래서 결국 의사소통이 가능해졌고, 배낭을 메고 23개국을 여행하고 돌아와 지금은 전문통역사가 되었다는 것이다.

비록 프레젠테이션이라는 단어의 뜻을 모르는 사람이라 할지라도 만약 100명의 프레젠테이션을 들어보고 관련된 100권의 책을 읽어보고 100번을 연습한다면 누구나 라디오에 소개된 주인공처럼 변신하기 마련이다. 이 책은 그런 자기 훈련을 시도하려는 사람들을 위해 무엇을 어떻게 시작할지를 안내하기 위해 만들어졌다. 필자의 목표는 초보자는 달인의 경지에 이르게 하고 이미 달인의 경지에 도달한 사람들은 프로 강사로 발돋움할 용기를 내도록 격려코자 함이었다.

무대 위에 홀로 서서 사람들의 마음을 움직이고 뭔가를 선택하거나 결심하고 새로운 행동을 시작하도록 하는 힘의 원천은 섬기려는 마음이다. 프레젠테이션을 강사 자신을 위해서가 아니라 청중을 위해서 할 때, 그때 청중은 갈채와 환호로 화답한다. 사실 이것은 매우 간단한 이치이지만 실제로 그렇게 하는 사람들은 드물다. 나 자신은 물론 세상의 그 어떤 강사도 100퍼센트 그렇다고 말할 수 없을 것이다. 그러나 그것이 이상이며 목표 지점이다.

청중을 섬기는 프레젠테이션의 요체는 청중의 입장에서 청중이 바라는 바를 청중의 어휘로 청중의 유익을 위한 메시지를 전하는 것이다. 청중의 유익이 곧 강사의 유익이 될 때 그것이 비즈니스 제안이든, 정책 설명이든, 아니면 동기부여 특강이든 성공의 냄새가 나기 시작한다. 그러기 위해서는 강사가 청중을 알아야 하고 청중도 강사를 알아야 한다. 프레젠테이션 내용 중에 이런 '서로 알기' 프로그램이 반드시 들어가야 한다.

서로 묻고 대답하고 정보를 공유하고 감동의 스토리를 전하여 함께 눈물 흘리고 어느덧 한통속이 되어 하나의 공통된 목표를 향하여 손잡고 나아가는 분위기를 조성하는 것, 그래서 청중이 자기에게 진정한 유익이 되는 선택에 도달하도록 돕는 것, 그것이 섬기는 프레젠테이션이다. 프레젠테이션도 일종의 소통일진대 그렇다면 진정한 프레젠테이션은 강사와 청중이 함께 만들어가는 것이다.

  2,400년 전 클레온(Cleon)이라는 사람은 아테네 시민들에게 "시민의, 시민에 의한, 시민을 위한 아테네"라는 말을 남긴 바 있다. 크고 작은 프레젠테이션을 준비하는 모든 사람이 기억할 한마디는 "청중의, 청중에 의한, 청중을 위한 프레젠테이션"이 아닐까 싶다.

단 한마디 말로도 박수 받는 힘을 기르고 싶은 사람들을 위한
강헌구 저자의 토크파워 세미나 안내

15분짜리 비즈니스 프레젠테이션, 5분짜리 즉흥연설, 50분짜리 학교 수업, 아니면 100분짜리 대중 강연, 그 어떤 스피치에서건 청중을 사로잡고자 하는 사람들에게 여기 멋진 솔루션이 있다. 강헌구 저자가 지난 20년 동안 2,000회도 넘게 청중 앞에 홀로 서서 터득한 노하우를 직접 공개한다. 특히 이 책에 소개된 명품강의 노하우와 더불어 저자가 개발한 강의 콘텐츠를 공유할 수 있는 기회를 얻을 수 있다.
비전 멘토 강헌구 교수와 함께 행복한 토크파워 여행을 떠나보자.

토크파워 특별 세미나_ 전문강사로서 사람들에게 아름다운 영향을 주는 일에 뛰어들기 원하는 사람들을 위한 프레젠테이션 노하우와 콘텐츠 공유를 위한 특별강좌

셀프리더 비전스쿨_ 탁월한 업적, 가슴 뛰는 삶을 추구하는 아주 특별한 사람들(성인)을 위한 '나' 프로젝트

파더십 특별 세미나_ 자녀들의 인생을 빛내고 싶은 아빠들을 위한 패밀리 매니지먼트 및 파더십 스킬 트레이닝 프로그램

Mom CEO 비전스쿨_ 가정의 성공과 행복을 위해 꿈을 잉태하고 가꾸는 모든 어머니, Mom CEO를 위한 패밀리 비전·리더십 프로젝트

팀/조직 빌더 비전스쿨_ 개인의 비전과 조직의 사명을 조화시켜 비전 공동체를 만들고자 하는 일반 기업 및 공직자를 위한 프로그램

비전코치 아카데미_ 비전에 관한 지식과 교육 방법을 익혀 비전코치로서 활동하거나 기존의 교육 과정에 적용하고자 하는 분들을 위한 프로그램

청소년 비전스쿨_ 21세기 글로벌의 책임자들, 세상의 중심에 서서 모두와 더불어 꿈을 현실로 만들어 가는 차세대 리더들을 위한 비전, 진로설계, 학습, 창의인성, 취업마인드 개발 프로그램

문의: 강교수비전스쿨/한국비전교육원

www.kvi.or.kr TEL 02-586-3179

단 한마디 말로도
박수 받는 힘

초판 1쇄 발행 2013년 11월 4일 초판 3쇄 발행 2014년 2월 14일

지은이 강헌구 펴낸이 연준혁

출판6분사분사장 이진영
편집장 정낙정
편집 박지수 최아영
디자인 강경신
제작 이재승

펴낸곳 (주)위즈덤하우스 출판등록 2000년 5월 23일 제13-1071호
주소 경기도 고양시 일산동구 장항동 846번지 센트럴프라자 6층
전화 031)936-4000 팩스 031)903-3893
홈페이지 www.wisdomhouse.co.kr 전자우편 wisdom6@wisdomhouse.co.kr
종이 월드페이퍼 인쇄·제본 현문 후가공 이지앤비

값 13,800원 ISBN 978-89-5913-767-1 13320

* 잘못된 책은 바꿔드립니다.
* 이 책의 전부 또는 일부 내용을 재사용하려면 사전에 저작권자와
  (주)위즈덤하우스의 동의를 받아야 합니다.

국립중앙도서관 출판시도서목록(CIP)

단 한 마디 말로도 박수 받는 힘 / 지은이: 강헌구. -- 고양 : 위즈덤하우스, 2013
    p. ;   cm

ISBN 978-89-5913-767-1 13320 : ₩13800

연설법[演說法]

802.5-KDC5
808.5-DDC21   CIP2013021775